Herderbücherei

Band 1034

Über das Buch

Schwierigkeiten gibt es in jedem Berufsleben, ob man am Fließband oder im Büro arbeitet, als Mitarbeiter oder als Vorgesetzter. Viele dieser Schwierigkeiten lassen sich mit Hilfe der Transaktionsanalyse lösen, einer zuerst in Amerika entwickelten psychologischen Methode, die vor allem Rüdiger Rogoll (sein Bestseller „Nimm dich, wie du bist“, Herderbücherei 593) auch im deutschen Sprachraum bekannt machte. Friederike Heinzel hat diese Grundsätze konsequent auf die Berufswelt angewendet und dadurch Erfolge erzielt. Diese Erfahrungen belegt sie in dem vorliegenden Taschenbuch mit vielen, leicht übertragbaren Beispielen. Durch Einsicht in die eigenen Verhaltensmuster, wie sie hier gelehrt wird, kann man das Verhältnis zu den Kolleginnen und Kollegen entscheidend verbessern und mitmenschliche Konflikte schon im Ansatz vermeiden. Vor allem aber kommt man selbst mit geringerem Aufwand zu viel besseren Ergebnissen.

Über die Autorin

Friederike Heinzel, Jahrgang 1939, Studium: Psychologie und Betriebswirtschaft, Dr. phil. 1963. Drei Jahre Industriepraxis als Personalberater, seit 1966 selbständig. Beratungsschwerpunkte: Teamentwicklung, Kommunikation, Personalentwicklung, Fortbildung: Gruppendynamik, Psychodrama, Gestalttherapie, Transaktionsanalyse.

Friederike Heinzel

So geht's besser im Beruf

Transaktionsanalyse im Betrieb – Chancenverbesserung für alle

Mit einem Vorwort von Rüdiger Rogoll

Herderbücherei

Originalausgabe
erstmals veröffentlicht als Herder-Taschenbuch

Herder Freiburg · Basel · Wien
Herstellung: Freiburger Graphische Betriebe 1983
ISBN 3-451-08034-6

Inhalt

Vorwort

Die Transaktionsanalyse (TA) gehört zu denjenigen tiefenpsychologisch fundierten Psychotherapieformen, die Zugang in Gebiete gefunden haben, die mit klinischer Psychotherapie scheinbar nicht mehr viel verbinden, wie z. B. die Arbeitswelt.
Störungen in einem Betrieb haben neben den organisatorischen Komponenten auch immer soziale, die sich als Schwierigkeiten in der Zusammenarbeit kundtun. Sie laufen nach den gleichen, in der TA deutlich beschriebenen Mustern ab, wie alle Störungen zwischenmenschlicher Beziehungen. Letztere werden allgemein von Psycholog(inn)en und Psychiater(inn)en behandelt. Zu diesen Fachleuten gehen die meisten Menchen nur ungerne oder am liebsten gar nicht, da sie der weitverbreiteten Trübung Glauben schenken, daß zu „diesen Psychomenschen nur Bekloppte gehen". Aus diesem Gesichtswinkel begrüße ich, daß mehr und mehr Firmen und Betriebe die TA in Schulungsprogramme für ihr Personal aufnehmen. Daß Betriebsangehörige lernen können, mit Hilfe der TA wirklich fairer und effektiver miteinander umzugehen und sich somit am Arbeitsplatz wohlzufühlen, zeigt das vorliegende Bändchen deutlich. Die Autorin macht diese Möglichkeit in einem lockeren Stil und mit immer wieder aus der Berufspraxis eingestreuten Beispielen sehr anschaulich.
Leider verführt die in diesem Buch beschriebene Handlichkeit des TA-Modells, das ja auf den seit Freud beschriebenen Ideen aufbaut, und sie zugleich allgemeinverständlich anwendet, sehr schnell zu *Mißbrauch*. Und dies umso eher,

je mehr der komplizierte psychodynamische Hintergrund unberücksichtigt bleibt, wie es meistens bei der im Wirtschaftsbereich angewendeten TA üblich ist. Dies hat der TA schon heftige Kritiken und Verunglimpfungen eingebracht, womit wir Transaktionsanalytiker uns auseinandersetzen müssen. Natürlich ist es ein Unsinn, wenn TA-„Angehauchte" sich gegenseitig mit TA-Schlagworten etikettieren und abqualifizieren; jeoch liegt die Verantwortung dafür bei demjenigen, der das tut und nicht bei der Methode.
Ich denke, daß dieses Buch einen guten Mittelweg aufzeigt zwischen der sehr wirkungsvollen tiefenpsychologisch fundierten TA einerseits (vor der sich eben einige Menschen wie vor allem Psychologischen ängstigen) und der klischeehaften übersimplifizierten Ausgabe der TA andererseits (worüber zumeist die gleichen Menschen wiederum lächeln). – Das Hauptziel ist es doch, Störungen zwischenmenschlicher Beziehungen zu mildern oder gar auszuschalten, damit die Betreffenden – ohne als „Bekloppte" angesehen zu werden – sich wohler fühlen. – Wer wissen möchte, *wie* das z. B. im Betrieb geschehen kann, der/die lese dieses Buch.

Markdorf im Januar 1983 *Rüdiger Rogoll*

1.

Wie bin ich

Die Transaktionsanalyse

Wir benützen die Transaktionsanalyse, um die Prozesse, die in uns und zwischen uns ablaufen, besser verstehen zu können. Ein Mensch signalisiert einem anderen etwas, z.B. zeigt er ihm, daß er einen Fehler gemacht hat. Dieser reagiert darauf, indem er sich für den Fehler schämt. Die Analyse dieser Prozesse von Stimulus und Reaktion ist die Transaktionsanalyse. Transaktionen zwischen Menschen verlaufen verbal, mit Worten, und nonverbal, ohne Worte.
Das Ziel der Transaktionsanalyse ist es nicht nur, Verhalten auf der Kommunikationsebene sichtbar zu machen. Transaktionsanalyse ist vor allem ein bewährtes psychotherapeutisches Verfahren, mit dessen Hilfe der Einzelne persönliche Schwierigkeiten überwindet.
Wenn ich jemanden frage: „Wie spät ist es bitte?" und er mir antwortet: „11 Uhr", handelt es sich um eine verbale (mit Worten ausgedrückte) Transaktion.
Wenn ich jemandem die Zunge herausstrecke und er gibt mir daraufhin eine Ohrfeige, ist die Transaktion nonverbal, Worte waren nicht notwendig.
In jeder Kommunikation erkennen wir ein Stück der Persönlichkeit des Gesprächspartners. Das Ziel dieser Analyse ist aber nicht nur, Kommunikationsverhalten zu optimieren, mit Hilfe der TA sollen vielmehr Verhaltensänderungen eingeleitet werden.

Die Ich-Zustände

Jeder Mensch ist eine individuelle, psychische Ganzheit, innerhalb der Teile miteinander in Wechselbeziehung stehen, ähnlich der Gestalt einer Zwiebel. Von außen ist sie eine runde, ganze Frucht, und doch besteht sie aus vielen Schichten.
In der TA stellen wir die menschliche Persönlichkeit in fünf Ich-Zuständen dar, bei der jeder Ich-Zustand eine bestimmte Funktion zu erfüllen hat:

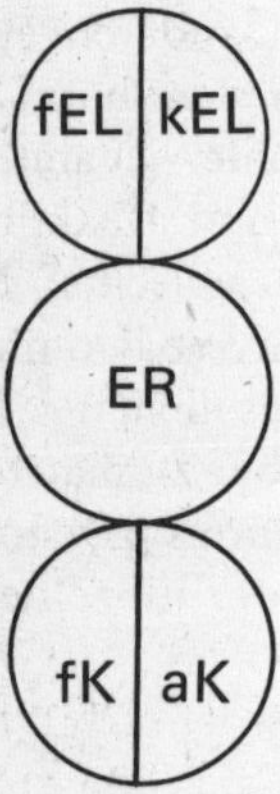

Eltern-ICH EL:
- fürsorgliches EL
- kritisches EL

Erwachsenen-ICH ER

Kind-ICH K:
- freies K
- angepaßtes K

Der erste Ich-Zustand, den der Mensch entwickelt, ist das Kind-Ich. Hier speichert er alle Beobachtungen, Erfahrungen und Gefühle, die er als Kind erlebte. Wenn du sagst „das Kind in mir", so ist das völlig richtig, denn jeder von uns ist auch noch das Kind von damals.
Das spontane und freie Äußern von Gefühlen nennen wir „freies Kind" fK. Wenn du Freude spürst und du lächelst, wenn du Angst hast vor einer Prüfung und du bist ganz blaß im Gesicht, wenn du traurig bist wegen eines Verlustes und weinst, wenn du Wut spürst und wirfst daraufhin eine Tür laut zu, sind dies alles Ausdrucksformen des fK. In diesen Beispielen passen Gefühl und Verhalten zusammen, dein

Verhalten ist direkter und nachfühlbarer Ausdruck des Gefühles.
Du hast gelernt, daß es manchmal schlimme Folgen für dich hat, freie Gefühle offen zu zeigen. Du hast daraufhin Entscheidungen getroffen, dies nicht immer zu tun. Du hast z. B. als Junge geweint und oft gehört: „Ein Junge weint nicht, das tun nur Mädchen." Dann hast du dich entschieden, männlich zu sein und nicht mehr zu weinen. Heute bist du ein Mann und hast Schwierigkeiten, deine Gefühle zu zeigen. Die ursprünglichen, spontanen Gefühle fK zeigst du nicht mehr, sondern hast sie umgewandelt in Schweigen. Dein freies Gefühl fK hast du mit dem aK, den angepaßten Gefühlen vertauscht. Wenn du heute mit einem Vorgesetzten Ärger hast und du sagst ihm offen deinen Ärger ins Gesicht, besetzt du deinen fK Ich-Zustand. Schluckst du den Ärger hinunter und sagst ja, obwohl du nein meinst, oder lächelst und schweigst, obwohl du deine Meinung klar sagen möchtest, verwandelst du deine fK Gefühle in aK Gefühle. Du hast immer die Wahl, im fK Ich-Zustand zu sein oder in den aK Ich-Zustand zu wechseln und zurückzuwechseln.
Im aK Ich-Zustand paßt du dein Verhalten äußeren Bedingungen an, obwohl dein Gefühl dir etwas anderes sagt. Verhalten und Gefühle passen im aK nicht zusammen. Die psychische Energie, z. B. Wut auf deinen Chef, hältst du zurück und entlädst sie nicht. Du bist im aK.
Die Natur ist nicht so verschwenderisch, daß sie einen Mechanismus völlig ohne Sinn und Zweck eingerichtet hätte. Das spontane Gefühl der Wut oder Angst hat eine bedeutende Signalwirkung. Es zeigt dir an, daß in deinem Umfeld etwas passiert ist, das dich stört oder behindert. Dein Chef hat z. B. vergessen, dich in einer wichtigen Sache zu informieren. Du hast daraufhin eine Fehlentscheidung getroffen, die sehr unangenehme Folgen nach sich zieht. Du spürst Wut. Dies ist das wichtige Signal für dich, mit deinem Chef zu sprechen und sicherzustellen, daß dieser Fehler nicht wieder vorkommt. Ignorierst du dieses Gefühlssi-

gnal, wird sich dein Chef nicht ändern, weil er nichts von deinen Problemen weiß. Du verwandelst die fK-Energie in aK-Energie und ärgerst dich für dich im stillen. Vielleicht macht dein Chef den gleichen Fehler schon bald wieder. Du erinnerst dich noch an deinen letzten Ärger in der gleichen Sache. Die hast du nämlich nicht vergessen. Du sammelst deine Vorbehalte, du speicherst deinen Ärger im aK auf. Hast du genug zusammen, rächst du dich eines Tages an ihm. Vielleicht sprichst du abfällig über ihn in Anwesenheit eines Dritten. Oder du fühlst dich, wenn sehr viel Ärger zusammengekommen ist, nicht mehr für deine Arbeit verantwortlich und sagst dir: „Der Chef hat die Schuld“.

Wir sammeln unsere Vorbehalte im aK, rechtfertigen mit ihnen Verhalten, das wir sonst nicht zeigen würden. Einige Menschen verwandeln die psychische Energie des aK in Krankheit. Alle psychosomatischen Krankheiten entstehen auf diese Weise. Sicher kennst du in deiner Firma einige Kollegen mit Magenbeschwerden, chronischen Kopfschmerzen oder Kreislaufproblemen. Vielleicht kanntest du einen noch recht jungen Kollegen, der am Herzinfarkt starb. Allen diesen Menschen ist gemeinsam, daß sie ihre nützlichen Signale des fK nicht für eine angemessene Änderung der Situation verwendeten, sondern die fK-Energie in aK Gefühle umwandelten.

Nun ist aber keineswegs fK gut und aK schlecht. Wenn du im Betrieb immer spontan deine Gefühle äußerst, deinem Chef immer offen deine Gefühle entgegenschleuderst – machst du das vermutlich nicht oft. Und für deinen neuen Arbeitsplatz hast du (vielleicht) gelernt, daß eine gewisse Anpassung im Betrieb notwendig ist. Es gibt Normen und Regeln bei der Arbeit, im Umgang mit Kollegen, die wir beachten müssen, um in unserer Sozialgemeinschaft zu überleben.

Das Eltern-Ich ist jener Ich-Teil, der durch Nachahmung der Eltern oder Erziehungspersonen und Übernahme ihrer Verhaltensweisen, Denkmuster und Moralvorstellungen entsteht. Wir unterscheiden zwischen fürsorglichem Eltern-Ich fEL und kritischem Eltern-Ich kEL. Beiden ist gemeinsam, daß sie mir sagen, was ich tun und lassen soll. Der eine versucht es mit Fürsorge und Liebe, der andere mit Härte und Strenge. Das Eltern-Ich übernimmt die Funktion der wirklichen Eltern, und es „funktioniert" auch, selbst wenn die wirklichen Eltern längst gestorben sind. Mit dem Eltern-Ich sage ich mir, was gut und schlecht für mich ist, um Erfolg im Beruf und Glück im Leben zu haben. Meine innere Stimme gibt mir regulierende Anweisungen. Tu dies, laß jenes. Denk an deine Zukunft, das ist falsch, das ist richtig, das ist gut, jenes schlecht, streng dich an, sei fleißig, denke nicht an dich, sondern an andere, stell dich selbst zurück, sei vernünftig, reiß dich zusammen, sei still, wenn Autoritätspersonen sprechen, sei erfolgreich im Beruf usw. Das fürsorgliche Eltern-Ich fEL kann recht sinnvolle Regeln und Programme anordnen. „Überarbeite dich nicht", klingt fürsorglich und recht vernünftig. Aber wenn es übertrieben wird, kehrt sich die positive Wirkung ins Negative. Daher unterscheiden wir zwischen positivem und negativem fEL. Das gleiche gilt für das kritische Eltern-Ich. Wer will schon bestreiten, daß ein „Sei fleißig" und „Streng dich an" nicht ein sehr positiver Antreiber ist, der mir zu Erfolg im Beruf verhelfen wird. Wenn jedoch ein übertriebenes „Sei fleißig" befolgt wird, sehen wir bei diesen Menschen, daß sie sich keine Ferien gönnen, ständig Überstunden machen und sich viel mehr Arbeit aufbürden, als ein einzelner Mensch bewältigen kann. Das ist dann eine Auswirkung des negativen kritischen Eltern-Ichs.

Als letzter Ich-Anteil baut der Mensch das Erwachsenen-Ich ER auf. Mit ihm denkt und arbeitet er. Mit ihm setzt er sich in die Lage, negative kEL-Impulse, z. B. die übertriebene Arbeitswut zu kontrollieren und auf ein gutes Mittelmaß zu reduzieren. Und er hat auch die Möglichkeit, sich selbst schädigende K-Impulse zu erkennen und umzuwandeln. Er erkennt im ER, daß er sich traurig und depressiv macht, weil er seinem Chef noch nie seine Meinung gesagt hat. Er beschließt im ER, dies in angemessener Form zu tun.

Unser ER ist die Denk- und Steuerungsstelle in unserem persönlichen Leben. Das ER hat die Kraft, zerstörerische EL-Antreiber sowie K-Impulse umzuwandeln in gesunde Initiativen.
Wenn du einen Menschen sprechen hörst, bist du manchmal erstaunt über die Wandlungsfähigkeit seines Ausdrucks. Du registrierst z. B. mit Erstaunen die sanfte, liebenswerte Stimme eines Vorgesetzten, wie er gerade mit einem hierarchisch noch höher eingestuften Vorgesetzten spricht. Denn genau den gleichen Mann hörtest du vorhin mit scharfer, lauter, aggressiver Stimme einen Gastarbeiter anbrüllen. Natürlich ist er eine Person, jedoch hast du ihn in zwei verschiedenen Ich-Zuständen beobachtet. Meist erkennst du den besetzten Ich-Zustand am Inhalt und am Ton. Jeder Mensch signalisiert seinen aktivierten Ich-Zustand mit Worten, Tonfall, Mimik und Gestik.

Beispiele

fEL: Die Sekretärin sagt zu ihrem Chef:
„Ziehen Sie sich bitte einen Mantel an, Sie erkälten sich sonst."
Diese Aussage ist aus dem EL, da sie bei einem anderen eine Verhaltensänderung bewirken soll.
Der Chef soll etwas tun, was seine Sekretärin will. Sie denkt für ihn in fürsorglicher Art. Diese Aufforderung wird der Chef positiv aufnehmen, wenn

- sie sinnvoll ist,
- er von seiner Sekretärin Fürsorge akzeptiert und
- sie die Fürsorge nicht übertreibt.

fEL: Der Vorgesetzte zu seinem Mitarbeiter, der seit 1 Jahr keinen Urlaub genommen hat:
„Machen Sie doch Urlaub, es wäre sicher auch für Ihre Familie wichtig."

negativ kEL: Vorgesetzter zu seinem Mitarbeiter:
„Sie haben hier nicht zu denken, sondern das zu tun, was ich Ihnen sage," oder:
„Wenn Sie die Ergebnisse nicht bis zum 30. d. M. vorliegen haben, können Sie sich einen anderen Arbeitsplatz suchen", oder:
„Die Mitarbeiter brauchen Druck, sonst arbeiten sie zu wenig."

positiv kEL: „Ich erwarte, daß Sie Ihre Zusage einhalten."
„Auf Grund der Zielsetzung müssen wir wie folgt vorgehen."
„Kommen Sie bei Abweichungen sofort zu mir."

ER:
- Ich plane meine Tagesarbeit.
- Ich schreibe einen Bericht.
- Ist es möglich, mir die Unterlagen bis zum 30. d. M. zu besorgen?
- Sie sind anderer Meinung als ich. Wir suchen eine Lösung, die für uns beide sinnvoll ist.

aK: Mitarbeiter zu seinem Vorgesetzten:
- „Sie haben recht." Der Mitarbeiter ist in Wirklichkeit anderer Meinung.
- „Ich fühle mich hier unwichtig. Nur die Meinung des Chefs gilt."
- „Ich traue mich nicht, aus Angst vor Folgen, hier offen meine Meinung zu sagen."

fK:
- Ich freue mich.
- Ich habe Angst.
- Ich bin begeistert.
- Ich spüre meinen Ärger.

Welche Ich-Zustände bevorzuge ich?

Hast du Lust, dein persönliches Egogramm aufzustellen?

Hier ein Beispiel:

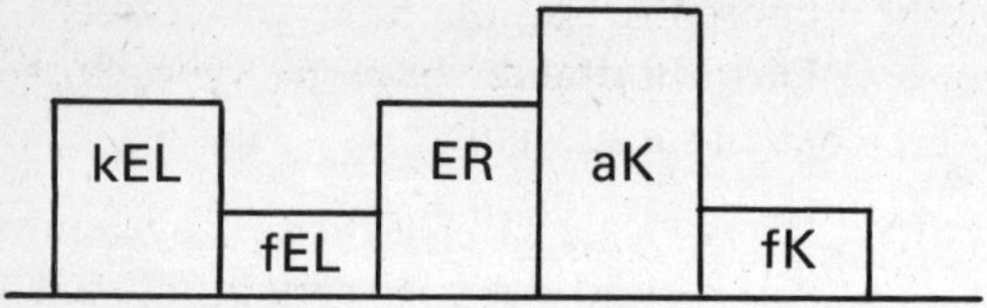

kEL: Du bist konsequent, hart, zielbezogen, ehrgeizig, gerecht, du handelst nach dem Motto: An zu viel Arbeit ist noch niemand zugrunde gegangen.

fEL: Du bist wenig fürsorglich, überläßt Fürsorge deiner Frau.

ER: Du hast eine gut entwickelte Intelligenz und eine hohe Leistungsfähigkeit, bist erfolgreich im Beruf und hast Karriere gemacht.

aK: Nach oben paßt du dich an, erkennst zwar Fehler von Vorgesetzten, aber sprichst sie selten aus. Du hast dich als Jugendlicher auch anpassen müssen, und das hat dir nicht geschadet, sagst du häufig. Man muß auf andere Rücksicht nehmen, ist deine Maxime. Du bist oft unzufrieden und schlecht gelaunt. Du kannst dich mit dir selbst in der Freizeit nicht beschäftigen. Du siehst nicht die schönen Dinge im Leben, erkennst nur, wie hart es ist.

fK: Dein einziges Vergnügen ist der Waldlauf.

Besprich dein Egogramm mit einem Menschen, der dich gut kennt und den du magst. Du triffst deine Entscheidungen, welche Ich-Zustände du verändern oder ausprägen willst. In diesem Beispiel wäre es sinnvoll, das fEL zu entwickeln und mehr aK in fK umzuwandeln.

Transaktionen

Du hast Interesse daran, Gespräche zwischen dir und anderen zu analysieren und dir Antwort zu geben auf die Frage: Warum läuft dieses Gespräch sachlich und jenes so konfliktgeladen?
Wir unterscheiden zwischen drei Hauptgruppen von Transaktionen.

Einfache Transaktionen

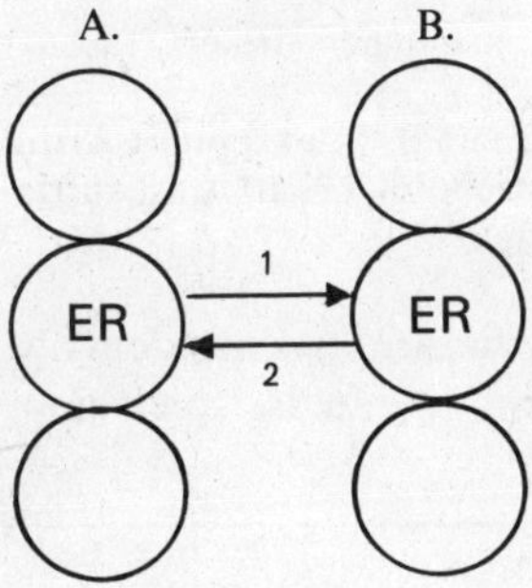

1. Wie spät ist es?
2. 11 Uhr!

Das Kennzeichen dieser Transaktion ist ein sachlicher Ton, wie er typisch ist für eine Arbeitssituation.

Der Gesprächspartner A. erwartet von B. eine logische Antwort. A. spricht daher das ER von B. an und bekommt von dort die Antwort.

Dies ist ein Beispiel einer konfliktfreien Kommunikation.

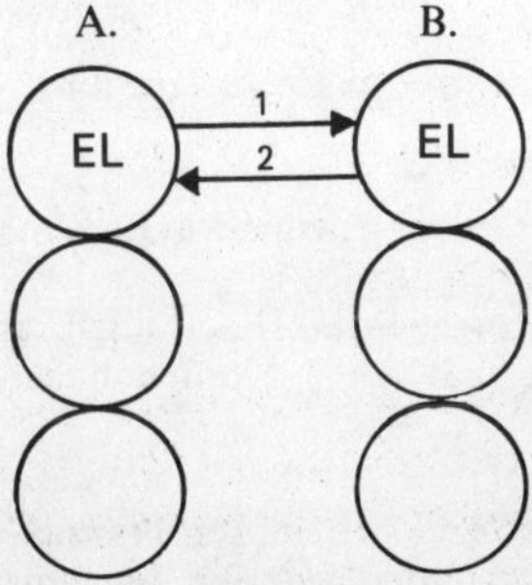

1. Ich hätte nicht gedacht, daß der Müller den Job kriegt. Der ist doch gar nicht qualifiziert.

2. Er hat es geschafft, sich nach oben gut zu verkaufen. Fähig ist er nicht.

Das Kennzeichen dieser Transaktion ist der Austausch abwertender Aussagen über einen nicht anwesenden Dritten.

Gesprächspartner A erwartet von B eine Antwort, die Übereinstimmung der Wertsysteme signalisiert. Er spricht das EL von B an und bekommt von dort die Antwort. Dies ist auch eine konfliktfreie Kommunikation (solange der „Besprochene“ nichts erfährt!).

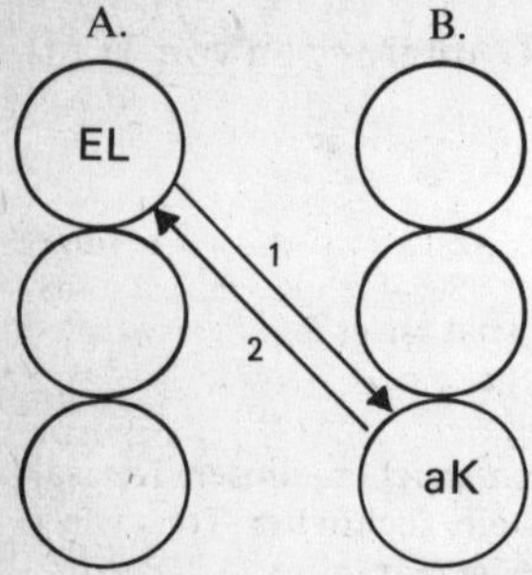

1. Sie haben einen Fehler gemacht, das geht nicht!

2. Entschuldigung, es tut mir leid, soll nie wieder vorkommen.

Das Kennzeichen dieser Transaktion:
A. kritisiert B. B. akzeptiert Kritik und entschuldigt sich. A. ist zufriedengestellt.

Der Gesprächspartner A. erwartet die Antwort aus dem aK. B. reagiert wie erwartet. Auch dies ist ein Beispiel einer konfliktfreien Kommunikation.

Kommt die Antwort aus dem angesprochenen Ich-Zustand, wird die Kommunikation konfliktfrei ablaufen.

Gekreuzte Transaktionen

(Der Gesprächspartner durchkreuzt meine Erwartungen)

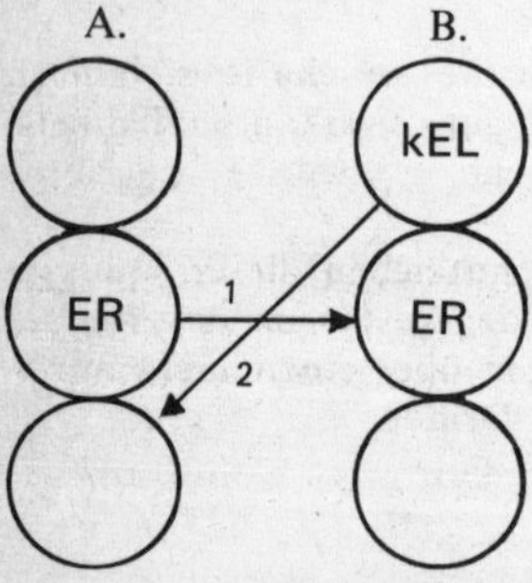

1. Hier ist der gewünschte Bericht.

2. Wie oft soll ich Ihnen noch sagen, daß ich 3 Kopien haben will?

Das Kennzeichen dieser Transaktion ist, daß die Reaktion des B. in scharfem, kritischem Ton erfolgt.

Der Mitarbeiter A. erwartete jedoch Antwort aus dem ER und spricht beim Vorgesetzten diesen Ich-Zustand an. Die Antwort des B. erfolgt aber aus dem kEL. A. muß erst einmal „schlucken“. Konfliktpotential baut sich bei ihm auf, ein Signal für eine Kommunikationsstörung!

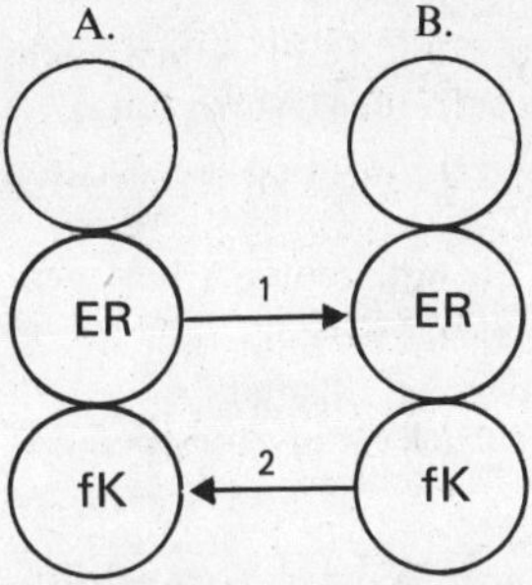

1. Wie spät ist es bitte?

2. Viertel über Halb!

B. antwortet nicht aus dem angesprochenen Ich-Zustand ER, sondern aus dem fK (wahrscheinlich Aufforderung „Spiel mit mir“ an das fK des A). A. muß „schlucken“ und weiß nicht, wie er reagieren soll, ein Signal für eine Kommunikationsstörung.

Kommt die Antwort nicht aus dem angesprochenen Ich-Zustand, wird die Kommunikation gestört.

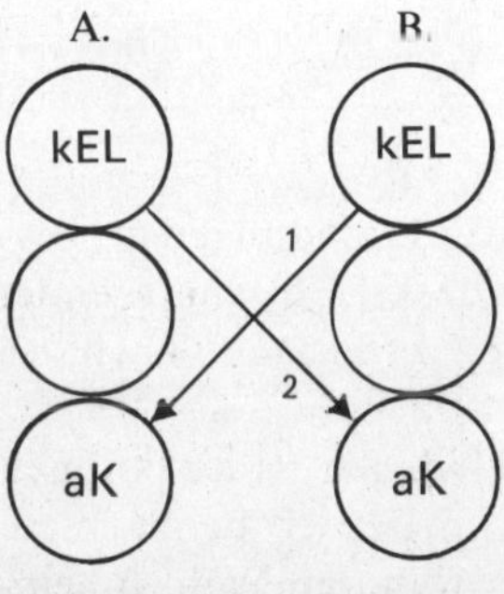

1. Ich warne Sie. Noch einen Fehler und ich werde Konsequenzen ziehen.

2. Ich werde mich beim Betriebsrat über Ihr Verhalten beschweren.

Beide Gesprächspartner stehen in aggressiver Verfassung einander gegenüber.
Der Konflikt ist offen. Drohungen werden ausgetauscht, ein Signal für eine Kommunikationsstörung.

Der Vorgesetzte A. spricht beim Mitarbeiter B. das aK an und erhält die Antwort aus dem kEL!

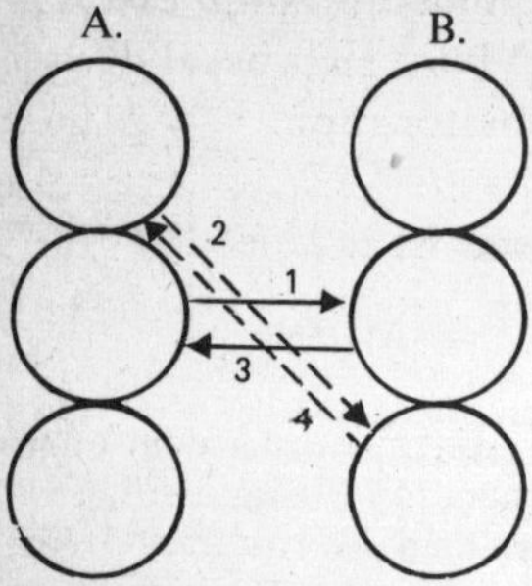

1. In Zukunft möchte ich, daß Frl. X. diese Berichte schreibt, da Sie überlastet sind (sachliche Anweisung).

Auf der verdeckten Ebene hört oder phantasiert B.:

2. Ich bin mit Ihrer Arbeit nicht mehr zufrieden (Abwertung).

Sie reagiert auf den verdeckten Reiz:

3. Sind Sie mit meiner Arbeit nicht mehr zufrieden?

Sie reagiert gefühlsmäßig:

4. Hoffentlich ist er zufrieden.

Die Reaktion erfolgt nicht auf die mit Worten formulierte und hörbare Anweisung, sondern auf die verdeckte Botschaft. Die verdeckte Botschaft kann von A. gesendet sein oder nur von B. „empfangen", ohne verbale oder nonverbale Signale von A.

> *Beantwortet wird meist nicht die offene, sondern die verdeckte Botschaft.*

Verdeckte Transaktionen sind häufig Einladungen zu Psychospielen. Der Spieler (der die verdeckte Botschaft sendet oder phantasiert) tut dies, um eines verdeckten Gewinnes willen.
Mit dem Wissen über die verschiedenen Transaktionen kannst du bereits dein Verhalten im Betrieb beobachten. Du kennst das Sprichwort: Wie man in den Wald hineinruft, so schallt es heraus. Du stellst fest, daß dieser Satz zu einem Teil stimmt. Wenn du gegenüber Kollegen oder deinen Mitarbeitern sachlich freundlich bleibst, erhältst du mit

großer Wahrscheinlichkeit sachlich freundliche Reaktionen. Wenn du deiner schlechten Laune nachgibst und Kollegen aggressiv ansprichst, wirst du entsprechende Antworten erhalten.

Wenn du einen unterstellten Mitarbeiter aus dem negativen kEL ansprichst, z. B.: „Ich verlange, daß Sie sich voll einsetzen. Ihre eigene Meinung interessiert hier nicht", hat er folgende Möglichkeiten, dir zu antworten:

1. Er zeigt dir seinen Ärger, entweder aus dem fK: „Ich bin entsetzt darüber, wie Sie mit mir sprechen" oder aus dem kEL: „So können Sie mit mir nicht sprechen!"
   Beide Transaktionen belasten eure Beziehung zueinander.
2. Er schluckt seinen Ärger.
   Er wandelt seine ärgerlichen fK-Reaktionen um in aK-Verhalten. Er sagt ja, obwohl er nein meint, aus Angst vor Folgen.
3. Er denkt sich: „Der meint es nicht so" oder „der weiß ja gar nichts von seiner aggressiven Art" und hilft sich damit. Ein Gesprächsfortgang im ER wird ermöglicht.

Wenn du spürst, daß du im Gespräch verdeckte Botschaften gesendet hast, decke sie auf. Wenn du den Eindruck hast, ein Kollege phantasierte, was du versteckt (meistens Abwertungen) gemeint haben könntest, sprich ihn offen darauf an. So kannst du viele Probleme vermeiden, die sich aus verdeckten Abwertungen ergeben.

2.
Lebensdrehbuch

Jeder von uns, auch du und ich, gerät im Laufe seines Lebens in den Konflikt, daß seine individuellen Bedürfnisse denen der Gesellschaft entgegenstehen. Als Kind kollidierten deine Bedürfnisse mit denen deiner Eltern, der Schule, deiner Lehrer, Lehrmeister. Heute stehst du oft in Konflikt mit den Forderungen des Betriebes, des Vorgesetzten, der Gesellschaft. Dieser Grundkonflikt verlangt ungeheure Energie von dir. Wenn du heute eine Sache tun mußt, obwohl du nicht von ihr überzeugt bist, stehst du in diesem Konflikt. Wenn du mit deinem Chef nicht darüber sprichst, hast du den Konfliktschauplatz in dich selbst hinein verlegt. Wenn du Anweisungen eines Vorgesetzten nicht erfüllen willst, weil du mit ihnen nicht einverstanden bist und du deshalb ein Gespräch mit ihm suchst, hast du den Konfliktschauplatz nach außen gelegt und den Vorgesetzten miteinbezogen.
Folgen hat der Konflikt allemal. Der Konflikt, den du in dich hineinnimmst, kostet dich, wenn du dich gegen deine Bedürfnisse entscheidest, einen hohen Preis. Du wertest dich ab, blockierst dich in deiner Entwicklung, mißachtest deinen „biologischen Kompaß“, der dir anzeigt, was gut und was schlecht für dich ist. Die Natur hat dir nicht ohne Grund diesen Gefühlskompaß eingebaut. Der zeigt dir dies, bei für dich guten Aktivitäten, mit guten Gefühlen an. Bei Forderungen, die gegen deine Natur gerichtet sind, reagiert er mit Aggression und Abwehr. Er will diese Gefühle nicht aufnehmen, sondern will sie herausbringen, weil sie für dich schädlich sind. Folgst du der Forderung deines

Vorgesetzten gegen dein Gefühl, unterbrichst du deine persönliche Entwicklung und schädigst dich.
Verlegst du den Konflikt nach außen, sprichst mit deinem Vorgesetzten, besteht vielleicht ganz real Gefahr für deine Position, dein Ansehen, deine Aufstiegschancen.
Dieser Grundkonflikt spielte sich früher in Familie und Schule ab. Früher warst du von deinen Eltern viel abhängiger, als du heute von deinen Vorgesetzten bist. Du warst ja auch noch klein und hast geglaubt, was man dir sagte. Was du davon übernommen hast und heute noch benützt, Gutes und Zerstörerisches – das ist dein Lebensdrehbuch. Du hast als Kind viele Entscheidungen getroffen, die damals und dort o.k. waren, heute stimmen sie vielleicht nicht mehr. Du kannst aber heute neue Entscheidungen treffen, dein Lebensdrehbuch verändern.

Antreiber

Sicher sind dir einige dieser Signale deiner Eltern in Erinnerung: – Sei fleißig, arbeite hart, werde erfolgreich, sei sparsam, sei perfekt, beeil dich, sei ein Mann, sei verantwortungsbewußt –. EL-Botschaften deiner Umwelt hast du in frühen Tagen in dein EL übernommen.
Um zu verstehen, was in dir vorging, benützen wir eine Denkkonstruktion, die sogenannte „Strukturanalyse“. Mit ihrer Hilfe veranschaulichen wir uns, was in früher Kindheit deine Eltern dir signalisierten und wie du darauf reagiertest. Als kleines Kind war nur dein K-Ich-Anteil entwickelt. Er setzte sich zusammen aus den Gefühlen K1, dem pfiffigen und intuitiv erfassenden Verstand des ER1 und dem EL1, das die Eltern imitierte z.B. beim Puppenspielen.

Kind: Vater/Mutter:

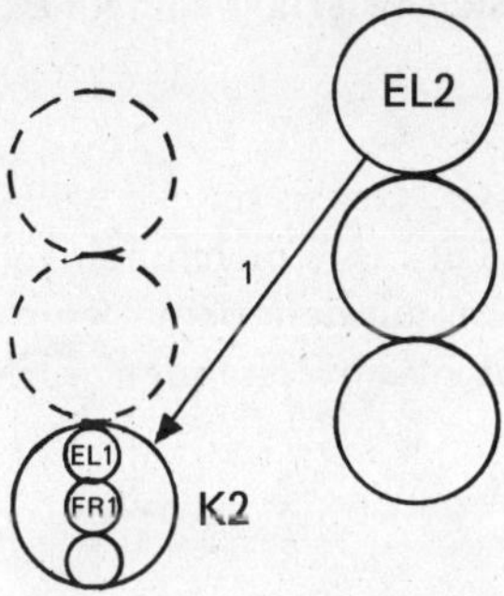

Das Antreiber-Signal der Eltern,
1. „sei fleißig"
hörte dein kleiner Pfiffikus ER1 und reagierte darauf.

EL-Botschaften deiner Umwelt hast du dann später in dein eigenes EL2 übernommen und handelst jetzt nach ihnen.

Kind:

Das Antreiber Signal,
1. „sei fleißig",
das ehemals deine Eltern verwendeten, benützt du heute für dich selbst.

Einigen dieser Botschaften verdankst du deinen beruflichen Erfolg, oder die Freude an deiner Arbeit. Du hast, trotz schwieriger Umstände, eine gute Ausbildung gemacht. Du warst immer fleißig und verantwortungsbewußt, schon recht früh erfolgreich. Wenn andere ihrem Vergnügen nachgingen, arbeitetest du in Abendkursen an deiner Weiterbildung. Heute erntest du die Früchte deiner Bemühungen.

In zerstörerischer Weise benützt du diese Antreiber erst dann, wenn du sie zu mächtig werden läßt, wenn du ständig arbeitest, obwohl dein innerer Kompaß damit gar nicht einverstanden ist. Du schuftest jahrelang, nimmst dir keine Zeit für Persönliches und hast gute Techniken entwickelt, deine innere Stimme zum Schweigen zu bringen. Der Konflikt, in dem du dann stehst, spielt sich zwischen deinem EL und deinem ER1 ab.

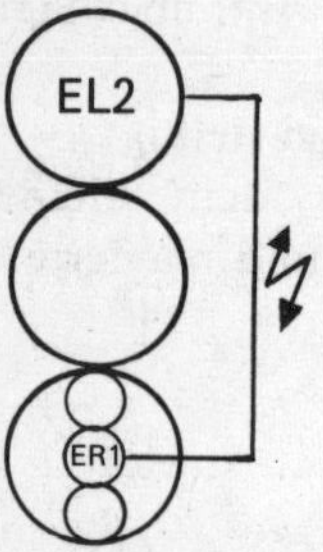

Du hast etwas in dich hineingenommen, mit dem dein „Kompaß" nicht einverstanden war.

Dein EL ist nur mächtig, solange du ihm folgst. Du kannst heute die Entscheidung treffen, nicht mehr die Dinge zu machen, die du nicht magst. Du kannst heute entscheiden, nur noch so viel zu arbeiten, daß du auch noch Zeit für deine Familie hast, und deinem Chef nicht mehr nach dem Munde zu reden. Einfach aufhören?

„Aber dann passiert doch etwas Schreckliches."

Betrachte es nüchtern. Zunächst fällt die passive Formulierung auf. Eine Drohung, daß etwas auf dich zukommt, dem du ausgeliefert bist.
„Wenn du nicht ständig an deiner Karriere arbeitest, dann …, wenn du dich nicht immer verantwortlich fühlst, dann …, wenn du nicht weiter doppelt so viel arbeitest als andere, dann …:
- wird dein Ansehen sinken,
- wirst du nicht mehr befördert,
- werden dich die Leute nicht mehr achten,
- verlierst du deinen Job,
- wirst du arbeitslos,
- verlierst du deine Frau,
- wirst du nichts mehr wert sein,
- wird niemand dich mehr mögen."
Deine Antreiber rufen dir zu:
„Du bist nur etwas wert, *wenn* du uns folgst."

Stimmt das?

Grundbotschaften

Grundbotschaften werden meistens ohne Worte gesendet und sind, häufig genug, den Sendenden nicht bewußt. So signalisiert ein liebevolles Lächeln der Mutter, während der Kleine auf einem Baum balanciert, „Du schaffst es!" Dies ist eine gesunde, das Leben fördernde Grundbotschaft.
Das Kind plappert fröhlich zur Mutter, die darauf überhaupt nicht reagiert und so tut, als ob ihr Kind Luft wäre. Sie signalisiert ihm eine destruktive Grundbotschaft: „Sei nicht" oder „Sei nicht wichtig."

Kind: Mutter/Vater:

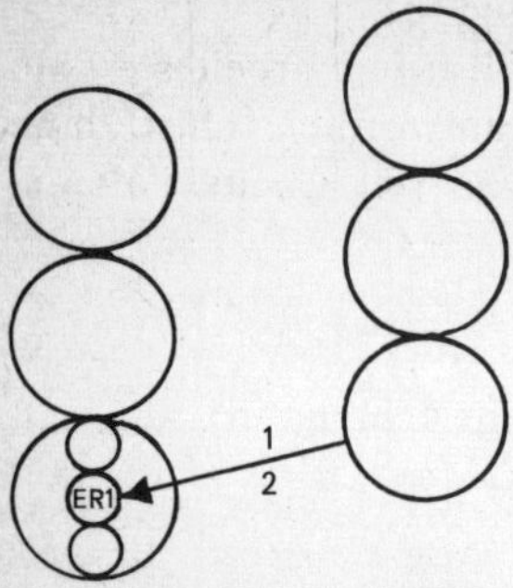

Grundbotschaften stellen die Lebensweichen für das Kind. Sie sind sehr wirksam, weil sie vom K-Ich der Eltern gesendet und sehr früh vom Kind aufgenommen werden.

Grundbotschaft
1: Du schaffst es.
2: Sei nicht wichtig.

Auch wenn die Eltern nicht mehr da sind, richtet sich der Mensch nach seinen Grundbotschaften. Er hat sie im EL1 gespeichert, dies ist ihm jedoch nicht bewußt. Er gibt sich entsprechend Erlaubnisse und Verbote und stellt damit die Weichen für sein Leben.

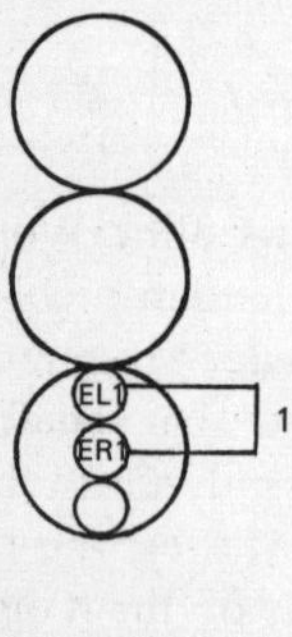

Grundbotschaft
1. Sei nicht wichtig.

Die gesunden, entwicklungsfördernden Grundbotschaften erlauben
- zu leben,
- sich wichtig zu nehmen,
- als Kind kindlich zu sein,
- etwas zu schaffen,
- ich zu sein,

- selber zu denken,
- den eigenen Gefühlen zu trauen,
- Vertrauen in Menschen zu haben.

Die entwicklungshemmenden, zerstörerischen und gegen das Leben gerichteten Grundbotschaften lauten:
- Sei nicht,
- sei nicht wichtig,
- sei kein Kind,
- schaffe es nicht,
- sei nicht du,
- gehöre nicht dazu,
- denke nicht,
- fühle nicht!

Du wähltest von dem Angebot an Grundbotschaften einige aus, denen du folgtest. Als Kind entschiedst du dich, aus deiner damaligen Lebenssituation heraus, für gewisse gesunde und vielleicht auch einige zerstörerische Grundbotschaften. Das war damals, als du klein warst, wichtig für dein Überleben. Die gesunden Grundbotschaften behalte. Die zerstörerischen sieh dir an:
Etwas „Schreckliches passiert", wenn du im Betrieb offen deinen Standpunkt formulierst? Wenn du eigene Gedanken denkst, wenn du dich selbst wichtig nimmst?
Heute bist du erwachsen. Deine Kinderkleider hast du längst abgelegt. Du glaubst nicht mehr an Zauberer. Du kannst neue Entscheidungen treffen. Stelle neue, gesunde Lebensweichen für dich.
Natürlich kannst du mit Worten oder guten Vorsätzen die zerstörerischen EL1-Botschaften nicht entmachten. Ein Therapeut kann dir dabei helfen.

Neue Entscheidungen

Du wirst nicht dein Leben verlieren, wenn du deinem Vorgesetzten widersprichst. Du wirst nicht dein Ansehen verlieren, wenn du dich weigerst, eine Sache zu machen, die dir widerstrebt. Du wirst nicht die Achtung deiner Mitmenschen verlieren, wenn du nicht ständig schuftest. Du setzt nicht deinen beruflichen Erfolg aufs Spiel, wenn du nicht immer der Beste bist.

Du kannst, mit Hilfe des Therapeuten, Erlauber einsetzen, an der Stelle der zerstörerischen Grundbotschaften:

Ich widerspreche meinem Vorgesetzten.

Ich freue mich des Lebens.

Ich bin.

Ich bin wichtig.

Ich denke.

Ich fühle.

Und mit dieser auf der tiefen emotionalen Ebene des ER1 getroffenen Neuentscheidung hast du dein Lebensdrehbuch umgeschrieben.

Und du wirst vieles gewinnen. Du wirst deine Fähigkeiten entwickeln, die in dir schlummern. Du wirst dich besser regulieren, dich echter fühlen und das Leben mehr genießen. Du wirst Konflikte eher austragen und Probleme lösen. Du wirst Verantwortung für dich übernehmen. Sicher: Du wirst deshalb nicht ohne Probleme sein.

3.
Psychospiele

Als du noch ein Kind warst, war es für dich wichtig, daß dir deine Eltern Regeln für das Leben vorgaben. Heute bist du erwachsen und hast diese Regeln in deinem Eltern-Ich gespeichert. Du kannst dich selbst steuern.
Wenn also heute dir jemand Normen und Regeln vorgibt, hinter denen du nicht stehst, die du nicht einsiehst, reagierst du – mit Recht – ablehnend. Der andere, vielleicht dein Vorgesetzter, hat nämlich versucht, in deinen Ich-Bereich einzudringen. Er versucht, die Ich-Grenze zwischen dir und ihm zu seinen Gunsten zu verschieben.
Wenn du einen Arbeitskollegen klagen hörst, sein Vorgesetzter hätte ihn gezwungen, einen Bericht zu unterschreiben, den er nicht vollinhaltlich akzeptieren könne, dann bist du Zeuge so einer Ich-Grenzverletzung. Dein Kollege nimmt etwas in sich hinein, was nicht zu ihm gehört. Er nimmt sich so selbst etwas weg:

- sein eigenes Denken,
- sein eigenes Verantworten,
- seine guten Gefühle.

Oder anders ausgedrückt, er wertet sich selbst ab.
Wenn du einen Arbeitskollegen klagen hörst: Die Firma sei schuld, daß er

- keine bessere Position habe,
- sich mit so unqualifizierten Mitarbeitern herumschlagen müsse,
- mit so wenig Geld auskommen müsse,
- so unglücklich und unzufrieden sei,

spürst du, daß er die Verantwortung für seine schlechten

Gefühle auf andere überträgt. Er erweitert seine Ich-Grenze und bezieht die Firma, die Vorgesetzten in sein Ich mit ein, indem er ihnen die Verantwortung für sein Tun zuschiebt. Solange er das macht, wird er nie etwas an seiner Situation ändern. Denn er vermeidet zwei Erkenntnisse.

1. Du hast Verantwortung für dich.
2. Du kannst, wenn du willst, die Situation ändern.

Wenn du wartest, bis
- die Vorgesetzten humaner,
- die Mitarbeiter fleißiger,
- die Kollegen kameradschaftlicher,
- die Firma großzügiger

werden, sitzt du noch mit 80 Jahren da und jammerst.
Meistens sind die Versuche, Ich-Grenzen zu verschieben, Einladungen zu Psychospielen.
Allen Psychospielern ist gemeinsam, daß sie Verantwortung nicht übernehmen, sondern sie anderen übertragen, daß sie sich selbst abwerten, andere abwerten oder die Realitäten abwerten. Schau dir den Kollegen an, der „Ich-kann-nichts-dafür“ spielt. Läuft bei ihm eine Sache falsch, wer hat die Verantwortung? Nicht er.

Ein Beispiel:
B. ist Lagerleiter. In den letzten zwei Jahren wurde das Lager völlig umgestellt, was erhebliche Änderungen im Arbeitsprozeß für die Mitarbeiter mit sich brachte. Heute ist die Fehlerquote noch relativ hoch. B. redet sich aus der Verantwortung: „Meine Mitarbeiter sind unfähig und nicht in der Lage, das neue System zu erlernen.“
Frage: „Welche Einschulungshilfen haben Sie Ihren Mitarbeitern gegeben?“
Antwort: „Keine, denn sie sind zu alt und unfähig, sich umzustellen. Jede Schulung ist verlorenes Geld. Ich brauche neue Mitarbeiter.“
B. schiebt die Verantwortung auf seine Mitarbeiter. Solange er nicht erkennt, daß es sein Job ist, Mitarbeiter zu führen und zu entwickeln, wird er nichts ändern.

Solange er im Psychospiel bleibt, laufen die Prozesse wie bisher:

1. B. übernimmt keine Verantwortung für das Nicht-Funktionieren des Lagers. Der Personalchef ist schuld, der ihm keine „guten“ Mitarbeiter besorgt. Oder der Betriebsrat ist schuld, der die Kündigung der alten Mitarbeiter verhindert. Oder die Mitarbeiter sind schuld, weil sie so unqualifiziert sind.
2. Die Lagerorganisation wird dadurch nicht zum Funktionieren gebracht. Fehler treten immer wieder auf.
3. B. wertet seine Mitarbeiter ab, indem er sie als unfähig darstellt.
4. B. wertet sich selbst ab, weil er die Verantwortung für seine Arbeit auf andere schiebt und sich selbst dadurch indirekt der Unfähigkeit bezichtigt.
5. Die „Unfähigkeit“ seiner Mitarbeiter stellt er etwas drastischer dar als nötig, er übertreibt, damit ihm die anderen glauben. Denn die Kollegen sollen ihm abnehmen, daß er nichts dafür kann. Und so bleibt er im Jammern, in der Passivität, beim Verantwortung-Abschieben.

B. kann folgende Lernschritte vollziehen:

1. Übernahme der Verantwortung für seinen Bereich.
2. Erkennen der Wissensdefizite bei seinen Mitarbeitern.
3. Erstellen eines Aktivitätenplans, um Mitarbeitern zu helfen, die Fähigkeiten für die Handhabung des neuen Systems zu entwickeln.

An diesem Beispiel siehst du deutlich, woran du Psychospieler erkennen kannst:

1. Sie bleiben gerne in Passivität. Sie verschieben ihre Ich-Grenze nach innen oder nach außen und benützen dies als Ausrede für ihr Nicht-Verantworten.
2. Sie werten ihre eigenen Fähigkeiten ab.
3. Sie werten andere Menschen ab.
4. Sie sehen nicht die realen Möglichkeiten zur Lösung von Problemen.

5. Und zur Rechtfertigung erzählen sie übertriebene Dinge über andere.

Achte auf Psychospiele in deiner Arbeitsumgebung und bei dir! Vorgesetzte, Mitarbeiter, Kollegen werden, wenn sie Psychospieler sind, für dich problematisch im Umgang. Und du wirst ein Problem für andere.
Allen ist gemeinsam, daß sie danach trachten, andere in ihr Spielsystem hineinzuziehen. Sie versuchen, anderen Verantwortung anzuhängen, die ihre eigene ist. Das geht ganz schnell:
Mitarbeiter zu seinem Vorgesetzten: „Wie soll ich das Problem lösen?“ Vorgesetzter: „Machen Sie es auf diese spezielle Weise.“ Der Vorgesetzte hat Rückdelegation nicht erkannt und übernimmt Verantwortung für seinen Mitarbeiter.

Wir unterscheiden drei Gruppen von Psychospielen.

Das Verfolger-Spiel

Ein Vorgesetzter kritisiert einen Mitarbeiter vor einer Gruppe. Damit signalisiert er: „Du hast einen so schweren Fehler gemacht und dich so unfähig dargestellt, daß ich das Recht habe, dich jetzt vor dieser Gruppe zu beschimpfen.“
Ein Meister teilt die Arbeit ein, ohne die Vorarbeiter mitsprechen zu lassen: „Ich bin klüger als ihr. Ihr seid unfähiger als ich und deshalb brauch ich euch nicht bei der Neueinteilung zu befragen.“
Der Meister gibt Informationen, die er rechtzeitig erhalten hat, nicht an seine Vorarbeiter weiter. Dahinter steht: „Ihr könnt damit doch nichts anfangen und deshalb muß ich euch nicht informieren.“
Eine Sekretärin kontrolliert, ohne daß ihr die Kompetenz übertragen wurde, die Portokasse, die eine junge Berufsanfängerin zu verwalten hat. Sie entdeckt das Fehlen von 3

Briefmarken. Sie geht zum Chef und teilt ihm diesen Sachverhalt mit. Dahinter steht: „Ich bin so berufserfahren und sehr zuverlässig, du bist nicht so zuverlässig und deshalb darf ich dich bespitzeln und dich beim Chef verklatschen.“
Der Lehrlingsausbilder gibt seinem neuen Lehrling am ersten Tag den Auftrag, in Zukunft einen Materialstapel, der im Hof liegt, jeden Abend zuzudecken. Er kümmert sich nicht mehr darum. Der Lehrling hat den Auftrag scheinbar vergessen. Nach 2 Monaten stellt der Ausbilder den Fehler fest und beginnt, den Lehrling vor Kunden laut zu beschimpfen. Dahinter steht: „Der ist so faul, deshalb darf ich ihn öffentlich anschreien.“
Diesen Beispielen ist gemeinsam, daß der „Verfolger“ dem Verfolgten Schaden zufügt und eine Rechtfertigung seines eigenen Verhaltens findet:
Er ist so unfähig, deshalb darf ich schlecht über ihn sprechen,
sie ist so unzuverlässig, deshalb darf ich sie bespitzeln,
er ist so unwissend und deshalb brauche ich ihn nicht zu informieren,
er ist so jung, deshalb darf ich ihn abwerten,
sie ist so arrogant, deshalb darf ich über sie schlecht sprechen,
du bist so dumm, und deshalb darf ich dich für alle Fehler zur Rechenschaft ziehen, die bei uns passieren (auch wenn du sie nicht gemacht hast, du hättest sie ja machen können).
Alle Verfolger-Spiele haben eines gemeinsam: die Abwertung eines anderen, mit Worten und mit Taten. Welchen Spielgewinn hat der Verfolger? Er fühlt sich selbst gut, er baut sich selbst auf, indem er andere abwertet. Er fühlt sich o.k., wenn ein anderer sich nicht o.k. fühlt.

Das Opfer-Spiel

Verfolger-Typen brauchen Opfer, sonst geht ihnen die Luft aus. Die hierarchische Organisationsstruktur mit ihren Über- und Unterstellungen schafft Abhängigkeiten. Diese Situation ist ein „gefundenes Fressen" für Verfolgerspieler. Manch ein Mitarbeiter wurde erst in der Hierarchie der Unternehmen unter dem Druck der Verfolger zum Opferspieler.

Du kennst die Opfer: Sie bevölkern in Scharen unsere Betriebe. Es sind die ständig Unzufriedenen, die schon seit Jahren unter dem gleichen Vorgesetzten leiden, ohne ihre Situation zu ändern. Es sind die häufig schimpfenden und passiv gewordenen Menschen, die initiativ sind im Klagen und nicht im Handeln. Es sind die Mitarbeiter, die einem Vorgesetzten gegenüber den Mund nicht aufmachen und erst hinter seinem Rücken über ihn schimpfen. Sie haben sich damit abgefunden, nicht gefragt zu werden, übergangen zu werden, von anderen kritisiert zu werden, abfällige Bemerkungen über sich zu hören. Damit abgefunden? Natürlich, denn sonst würden sie ihre Situation ändern! Da sie sich selbst abwerten, lassen sie es zu, daß andere sie abwerten. Es sind auch jene Menschen, die Vereinbarungen treffen, sie jedoch nicht einhalten. Ein Konstruktionsleiter wertet sich ab, indem er Anweisungen an seine Mitarbeiter nicht konsequent verfolgt. Das Resultat ist, daß seine Mitarbeiter die Anweisungen nicht ausführen. Er ist ganz verzweifelt, daß er „wegen seiner unzuverlässigen Mitarbeiter" Ziele nicht erreicht. Er fühlt sich als Opfer seiner Mitarbeiter.

Ein Manager wertet sich ab, indem er Zusagen gibt, die er nicht einhält. Den zunehmenden Druck von seinen Kollegen wertet er als persönlichen Angriff. Er ist der Meinung, sie wollten ihm übel. Er wertet die Attacken als gegen sich gerichtet und fühlt sich als Opfer.

Ein Geschäftsleitungsmitglied wagt es nicht, bei Geschäftsleitungsentscheidungen seine Meinung durchzusetzen.

Deshalb stimmt er zu, bleibt aber innerlich gegen diese Entscheidung eingestellt. In der Phase der Realisierung startet er Initiativen, die den Entscheid boykottieren. Er spürt zunehmend Druck von seiten der Geschäftsleitungsmitglieder. Er phantasiert, daß der Vorstand ihn nicht akzeptiere. Er phantasiert, daß Mitglieder gegen ihn intrigierten. Als er entlassen wird, fühlt er sich als Opfer.
Ein Sachbearbeiter leidet an ständiger Arbeitsüberlastung. Er gibt seinem Chef daran die Schuld, der zunehmend mehr Arbeit von außen übernimmt. Er erwartet, daß sein Chef ihn von der Arbeitsflut abschirmt, ohne mit ihm jedoch darüber zu sprechen. Weil der Vorgesetzte das Erwartete nicht macht, „muß er eben leiden". Er ist auch aus privaten Gründen sehr traurig, da er sich allmählich von seiner Frau und seiner kleinen Tochter entfremdet. Er fühlt sich als Opfer seines Chefs.
Diesen Beispielen ist gemeinsam, daß das Opfer die Ursache seiner Schwierigkeiten nicht bei sich sieht, sondern anderen aufhängt. Dadurch hat er die Ursache und Wirkung so weit voneinander getrennt, daß er keine Möglichkeit mehr zu sehen braucht, selber Verantwortung für die Problematik zu übernehmen und eine Lösung anzustreben. „Der andere hat schuld, und deshalb kann ich nicht aktiv werden." – Das ist der magische Satz der Opferspieler.

- Die Mitarbeiter sind unfähig, und deshalb kann ich die Leistungssituation nicht ändern.
- Die Kollegen mögen mich nicht, und deshalb habe ich hier so viel Schwierigkeiten.
- Der Chef ist entscheidungsunfähig, und deshalb muß ich so viel Überstunden machen. (Und deshalb brauche ich meine Arbeit nicht zu organisieren.)
- Die Meister mögen mich nicht, und deshalb haben wir hier im Betriebsbüro so ein gespanntes Verhältnis, und deshalb bin ich so unglücklich.
- Der Vorgesetzte informiert mich nicht, und deshalb weiß ich eben nicht Bescheid und kann nicht so mitsprechen wie andere.

Alle Opfer haben eines gemeinsam. Sie werten sich selbst ab. Sie halten Termine nicht, holen sich Informationen nicht, geben Versprechungen und halten sie nicht, phantasieren, was andere Negatives über sie denken, und geben Informationen, die nicht stimmen, sie trauen sich selbst nicht, sie betrachten nicht das Wesentliche, sondern bevorzugen Nebensächlichkeiten, sie kommen mit unvollständigen Berichten zu ihren Vorgesetzten, sie denken nicht, obwohl sie es könnten, sie sprechen langatmig, statt kurz und prägnant, sie jammern, anstatt zu handeln.

Das Retter-Spiel

Wir beobachten Retter-Spiele auch im Betrieb, häufiger allerdings im Privatleben.
Du hast Schwierigkeiten. Retter treten auf. Sie sagen dir, was du tun und lassen sollst, damit alles gut wird für dich. Sie setzen dir ihren Rat auf wie einen Hut, gleichgültig, ob dir die Größe paßt oder nicht. Und wenn du nicht aufpaßt, rennen sie für dich zu deinem Chef, dem Betriebsrat, dem Kollegen, um dir behilflich zu sein. Sie meinen es gut mit dir. Und da „es-gut-meinen-mit-jemandem" landläufig als moralisch angesehen wird, machst du dir womöglich noch ein schlechtes Gewissen, daß du diese Hilfe nicht willst? Du hast ein ungutes Gefühl dabei? Das ist gut, daß du spürst, daß ihr Verhalten für dich nicht o.k. ist. Denn die Retter retten, um sich selbst wohlzufühlen, auf deine Kosten. Auch sie werten dich ab, damit sie sich aufwerten können. Sie signalisieren dir: Du bist so arm, kannst dir nicht alleine helfen, und deshalb darf ich dich retten.

Ein Personalchef liebt es, den Menschen in seinem Personal-Verantwortungsbereich Ratschläge zu geben, wie sie mit ihren privaten und beruflichen Problemen umgehen sollen.
Mitarbeiter: „Ich habe Schwierigkeiten zu Hause."

Personalchef: „Mit Ihrer Frau?“
Mitarbeiter: „Ja.“
Personalchef: „Ihre Frau sollte einer Berufsarbeit nachgehen. So immer zu Hause sitzen, da wird eine Frau eben unzufrieden.“

Zwei Mitarbeiterinnen in der Produktion haben Schwierigkeiten miteinander.
Fr. A. zum Meister: „Frau B. hat schlecht über mich gesprochen.“
Meister: „Ich werde mit Frau B. sprechen.“

Sachbearbeiter C. erhält die Arbeit von Sachbearbeiter B.. C. ist sehr sorgfältig und formalistisch, B. arbeitet rasch und auf das Wesentliche konzentriert. C. beschwert sich beim Abteilungsleiter über die „schlampige“ Arbeit des B. Der Abteilungsleiter spricht darauf ein „ernstes Wort“ mit B.
Auch der Retter überschreitet seine Ich-Grenze. Er braucht dich, aber möglichst hilflos, klein und schwach, um sich wohlzufühlen. Du bist ihm wichtig. Daher klebt er auch so an dir und will dir unbedingt helfen. Wenn du dich retten läßt, tust du ihm einen Gefallen, du bist die Krücke, die er braucht, um sich wohlzufühlen. Doch damit tust du dir und ihm nichts Gutes. Du würdest dich abwerten. Du brauchst den Retter nicht. Du kannst die Entscheidung treffen, dir selbst zu helfen. „Dann geht den Rettern die Luft aus, und du atmest sie ein.“

Das Ringelspiel der Psychospieler

Der Verfolger und der Retter brauchen Opfer. Das Opfer braucht Retter oder Verfolger. Das Opfer des Verfolgers speichert Wut auf und rächt sich bei Gelegenheit. Er wird Verfolger seines (ehemaligen) Verfolgers, und dieser wird Opfer. „Den Chef ins Messer laufen lassen“, kennzeichnet eine solche Situation. Der Retter hilft seinem Opfer. Das Opfer ärgert sich über den falschen Rat und wird zum Verfolger seines (ehemaligen) Retters. Dieser wird Opfer.

Mitarbeiter A. (Verfolger) beschwert sich über Kollegen B. (Opfer) beim Vorgesetzten C. Der Vorgesetzte steigt in das Psychospiel ein. Er holt B. in sein Büro (er ist der Retter von A.) und macht B. Vorhaltungen (er ist der Verfolger von B.). B. ist wütend auf A. und C. Er verweigert dem A. eine Information, die er dringend brauchen würde und freut sich über dessen Schwierigkeiten, (er ist Verfolger von A.) denn er fühlt sich im Recht. Bei Gelegenheit berichtet er dem Vorgesetzten seines Chefs über dessen parteiisches Vorgehen. (Er ist der Verfolger seines Vorgesetzten C.). Und am Ende des Ringelspiels haben alle betroffenen Mitspieler ein schlechtes Gefühl. Aber nicht ihrer selbst wegen, was richtig wäre, sondern der anderen wegen.
Wie kannst du verhindern, in das Psychospiel einzusteigen?

Du bist der Vorgesetzte C.:
Du bittest Mitarbeiter A., sein Problem direkt mit Kollegen B. zu besprechen.
Oder du sprichst mit beiden gemeinsam, wobei du darauf achtest, keine Parteinahme zu zeigen und weder Retter- noch Opferrolle zu übernehmen.

Es gibt viele Machtmittel, mit denen unterstellte Mitarbeiter (als Verfolger) ihre Vorgesetzten (Opfer) strafen können.
- Sie lassen ihre Leistung sinken. Der Vorgesetzte wird dann Schwierigkeiten bekommen.
- Sie verweigern Überstunden. Die Produktion muß jedoch ihr Ziel erreichen.
- Sie signalisieren Interesselosigkeit und verweigern Mitdenken. Sie lehnen Mit-Verantwortung ab.
- Sie beschweren sich über ihren Chef.
- Sie tun nur „Dienst nach Vorschrift“.
- Sie fehlen häufig.

- Sie verweigern Arbeiten.
- Sie arbeiten lustlos und machen viele Fehler.
- Sie beachten Vorschriften nicht.
- Sie sprechen in abwertender Weise über ihre Vorgesetzten.

Die meisten dieser Verfolgungsaktionen gehen jedoch auch auf Kosten des Verfolgers. Er wertet sich ab, wenn er weniger leistet, lustlos arbeitet und ohne Interesse ist.

4.

Passivität, Symbiose

Lust- und Unlustgefühle sind deine biologischen Orientierungsmittel. Du fühlst dich zufrieden. Dein Chef akzeptiert dich, euer Betriebsklima ist gut. Du hast sympathische Kollegen, die Arbeit interessiert dich. Du wirst sicher gerne, solange sich diese Situation so zufriedenstellend für dich darstellt, in dieser Arbeitsgruppe, Abteilung, Betrieb bleiben.

Du bist unzufrieden. Du arbeitest viel, deine Arbeitsergebnisse sind gut, deine Kollegen schätzen dich. Nur dein Chef zeigt alle Anzeichen von Widerstand dir gegenüber. Er informiert dich nicht, übergeht dich, wo er kann und wendet sich direkt an deine Mitarbeiter. Er nimmt dich zu wichtigen Besprechungen nicht mit. Du hast negative Gefühle der Unzufriedenheit, vielleicht auch Angst, wenn du an deine berufliche Zukunft denkst. Die negativen Gefühle haben eine Funktion. Sie zeigen dir eine Gefahr an, die deine jetzige Situation spürbar verändern könnte. Deine Phantasie zeigt dir mögliche Auswirkungen in düsteren Farben. Du siehst dich degradiert, mit weniger Verantwortung, geringerem Lohn und uninteressanter Arbeit. Du siehst dich mit weniger Ansehen, vielleicht sogar arbeitslos. Ganz besonders Phantasiebegabte sehen sich vor dem wirtschaftlichen Ruin, in Not und Einsamkeit.

Du phantasierst, er mag dich nicht. Du bist anderer Meinung als er. Um dich bei ihm nicht noch mehr in Mißkredit zu bringen, schweigst du. Es gibt ganze Legionen von Arbeitern und Angestellten, die auch ohne reale Gefahrensignale ihre Phantasie spielen lassen und vor möglichen oder

auch unmöglichen gefährlichen Dingen Angst haben, ihre eigene Meinung daher nicht äußern und ihren Vorgesetzten nach dem Munde reden. Diese aus Angst geborenen Phantasien, haben sie nun einen realen Hintergrund oder nicht, kannst du immer dazu benützen, dich in einer passiven Rolle zu blockieren. Du kannst also deine Angstgefühle in Vermeidungsverhalten umwandeln. Du kannst dich mit Hilfe deiner Angst bis zur Impotenz lähmen. Deine Angstgefühle wandelst du in passives Verhalten. Du fürchtest dich vor Risiken. Du zögerst so lange, bis andere die Entscheidung treffen. Du stehst vor einer unklaren Situation in der Kompetenzaufteilung zwischen dir und deinem Kollegen? Du bittest deinen Chef um Klärung und läßt so lange die Arbeit liegen.
Du siehst eine Arbeit, die nötig wäre? Du machst sie aber nicht, weil du nicht den Auftrag dazu hast. Du machst „Dienst nach Vorschrift". Du verlangst von deinem Chef klare Zielsetzungen und bist in deiner Arbeit recht passiv, solange er sie dir nicht gibt. Du sollst eine kritische Entscheidung treffen und kennst die Meinung deines Chefs nicht. Um dich nicht in die „Nesseln zu setzen", gehst du zu ihm persönlich und schiebst ihm die Entscheidung zu. Oder du stellst dich so unfähig an, daß er dir von sich aus die Entscheidung abnimmt. Du schimpfst über gewisse Zustände, änderst aber selber nichts daran. Du stellst deinem Chef eine Frage, die du selber beantworten könntest.
Einen Teil deiner Fähigkeiten, deiner Intelligenz, deiner Kenntnisse, deiner Energie blockierst du aus Angst davor, Verantwortung zu übernehmen. Der Zweck deiner Vermeidung ist es, einen kindlichen Zustand aufrecht zu erhalten. Erwachsen zu sein bedeutet, jetzt Entscheidungen zu treffen und Verantwortung zu übernehmen. Erwachsensein heißt, das eigene Potential an Fähigkeiten einzusetzen.
Kindsein bedeutet auch, Eltern zu haben, die bestimmen und denen gegenüber sich gehorsam verhalten wird. Es heißt, das eigene Potential an Selbständigkeit und Wissen nicht zu nützen. Es bedeutet, Rollen zu spielen, die darauf

abzielen, die Umwelt zur Unterstützung zu bewegen, anstatt die eigenen Fähigkeiten zu mobilisieren. Das ist Manipulation der Umwelt durch Dumm-stellen, Passivität, Nach-dem-Munde-reden, Verantwortung-Abschieben. Die Auswirkungen von Passivität sind schwerwiegend: du selbst bleibst stecken, unterbrichst deine Entwicklung, verstärkst deine Unselbständigkeit. Du lernst nichts dazu.
Schwierige und komplexe Probleme in Entwicklung, Produktion und Absatz sind nur mit dem Einsatz von Intelligenz, Initiative, Risikobereitschaft und Verantwortungsgefühl zu bewältigen. Passive Mitarbeiter tragen nichts dazu bei.
Leider finden sich immer eine Menge Menschen, die aus passivem, neurotischem Verhalten anderer für sich selbst Gewinn ziehen. Das sind jene Vorgesetzte, die, anstatt ihre Mitarbeiter zur Selbständigkeit aufzufordern, die Arbeit selber machen und sich gleichzeitig über deren unselbständiges Verhalten aufregen. Sie investieren nichts, um den Mitarbeiter aus dem passiven zu verantwortungsbewußtem Arbeitsverhalten zu bringen. Sie investieren alles, um die Auswirkungen der Passivität selber auszugleichen, z. B. durch eigene Überstunden.
Dieses Zusammenspiel nennen wir Symbiose.
Unter Symbiose verstehen wir in der Biologie das Zusammenleben zweier Organismen zum Wohle beider. Hier dient dieses Zusammenspiel nur scheinbar beiden Partnern.

- Der aktive Partner kann sich potent, vielleicht sogar omnipotent fühlen.
- Der passive Partner gewinnt die Sicherheit des Kindes: Andere entscheiden, und andere tragen die Verantwortung.

Der Vorgesetzte verstärkt die Passivität seiner Mitarbeiter und damit die Symbiose, indem er alle wichtigen Dinge selbst erledigt und alles besser weiß:
Er formuliert einen Auftrag bis ins letzte Detail,
er übt häufig Kontrollen aus,

er gibt sehr enge Ziele vor und schreibt die Vorgehensweise vor,
er bestraft Initiative der Mitarbeiter,
er befördert die anpasserisch-passiven Mitarbeiter.
Symbioseangebote erhältst du natürlich nicht nur von Vorgesetzten oder Mitarbeitern. Auch Arbeitskollegen versuchen, symbiotische Beziehungen miteinander aufzubauen.

Raus aus Passivität und Symbiose!
Deine negativen Gefühle zeigen dir an, daß du vor einer neuen Situation stehst, die du noch nicht kennst oder noch nicht bewältigt hast. Denn wenn du sie kennen würdest und wüßtest, wie sie verlaufen würde, hättest du sie in deine Routine übernommen und keine Angst mehr. Diese neue, dir unbekannte Situation besetzt du häufig mit phantasierten, negativen Erlebnissen. Die Folge dieser Phantasien sind dann deine Blockierungen. Du kannst, wenn du willst, die Passivität ablegen. Triff die Entscheidung, die neue unbekannte Situation mit angenehmen, positiven Phantasien zu betrachten. Wandle deine negativen Gefühle somit in Energien um, Neues zu erfahren, Unbekanntes zu lernen, dich weiterzuentwickeln und deine Fähigkeiten auszubauen. Wandle Angst in Interesse, Neugier, Begeisterung und Initiative um. Wandle Furcht in Experimentieren um. Warte nicht länger, daß andere dich akzeptieren aus der Furcht heraus, abgelehnt zu werden, sondern sei du es, der Menschen akzeptiert und ablehnt. Verhalte dich nicht anpasserisch unterwürfig. Opfere nicht deine Selbstverwirklichung! Sondern baue dir eine Umgebung, in der du dich produktiv entwickeln kannst. Warte nicht auf die Unterstützung der anderen. Unterstütze dich selber. Frage nicht Dinge, die du selber herausfinden kannst. Schaffe dir deine Kompetenzen, hole dir deine Informationen, triff deine Entscheidungen.

Beispiel einer symbiotischen Beziehung:

B.: Symbioseangebot, Ablehnung der Verantwortung:
1. Bitte hilf mir.
2. Bitte entscheiden Sie.
Der Symbiosepartner B. will sein ER nicht besetzen.

A.: Einstieg in das System der Symbiose, Übernahme der Verantwortung:
3. Machen Sie es so und so.
Der Symbiosepartner A. übernimmt die ER-Funktion für B.

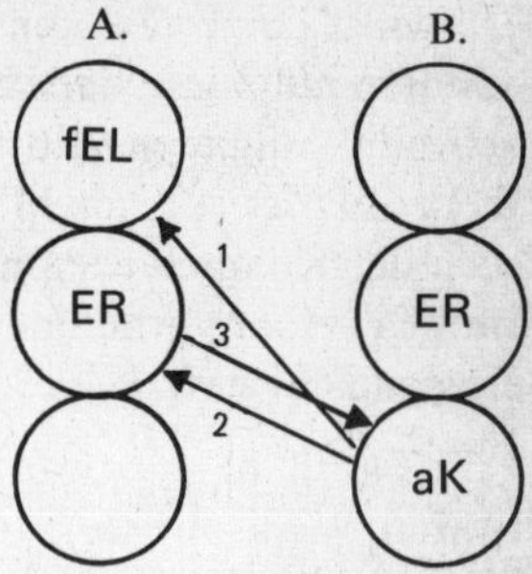

Beispiel einer nicht vollzogenen Symbiose:

B.: Symbioseangebot, Ablehnung der Verantwortung:
1. Bitte hilf mir.
2. Entscheiden Sie.
Der Symbiosepartner B. will sein ER nicht übersetzen.

A.: Ablehnung des Symbioeangebotes:
3. Welche Lösungsalternativen haben Sie ausgearbeitet?
Für welche werden Sie sich entscheiden? Warum

Der Partner A. fordert B. auf, sein ER zu besetzen und die Verantwortung für sich zu übernehmen.

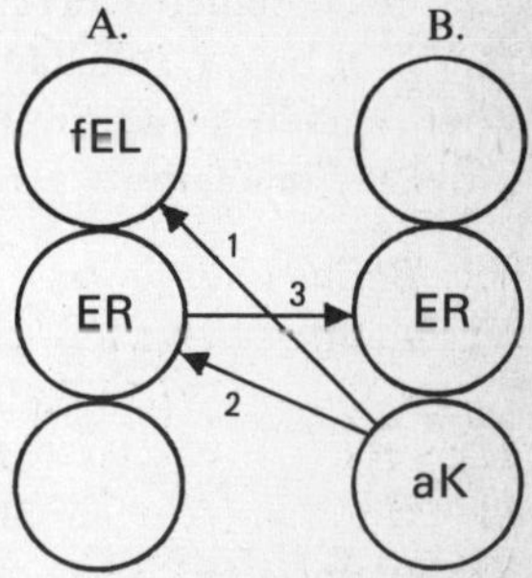

Es ist schwierig, symbiotische Beziehungen zu unterbrechen.
Du bist in der Rolle A., Vorgesetzter einer kleinen Gruppe von Mitarbeitern. Du hast erkannt, daß es für dich selbst nicht gut ist, diese Art der Zusammenarbeit mit deinen Mitarbeitern weiterzuverfolgen. Du willst erreichen, daß die

Mitarbeiter ein anderes Rollenverständnis entwickeln, Passivität ablegen und Selbstverantwortung aufbauen.
Du willst deinen Leuten nicht mehr jedes Detail vorgeben, sondern möchtest, daß sie in ihrem Rahmen der Kompetenzen und Aufgaben selbst entscheiden.
Dein Ziel ist es, daß Mitarbeiter, selbst wenn deren Rahmen der Kompetenzen nicht klar abgegrenzt ist, diese Klärungen selber vornehmen und nicht darauf warten, bis du sie gemacht hast.

Eine Fabrik in N. wurde über 20 Jahre von einem sehr autoritären Werksdirektor geführt. Er traf alle wichtigen und unwichtigen Entscheidungen selbst. Mitarbeiter, die sich diesem Führungsstil nicht fügen wollten, wurden ausgeschieden. „Wer sich nicht biegt, der bricht“, war sein Motto. Anläßlich eines Besitzerwechsels wurde die Werksführung ausgetauscht. Der neue Direktor, Herr K., war sehr kooperativ eingestellt. Bald schon stieß er auf Schwierigkeiten im Umsetzen seiner Zielvorstellungen. Seine Mitarbeiter waren nicht bereit, selbständig zu arbeiten und zu denken, sie übernahmen keine Verantwortung, ja sie waren geradezu „Meister im Verantwortung abschieben“.

Ein Beispiel:

Verlademeister zu K.:	„Bitte, soll ich erst den LKW entladen oder den Waggon?“
K.:	„Bin ich Verlademeister, oder Sie? Bitte entscheiden Sie das selbst!“
Verlademeister:	„Aber Direktor R. hat das immer entschieden.“
K.:	„Ich heiße K. und nicht R. Bei mir entscheiden Sie in Ihrem Bereich!“

Innerhalb von zwei Jahren schaffte es K. nicht, seine Mitarbeiter zu verändern. Im Gegenteil, die Belegschaft des Werkes entwickelte Aggressionen gegen den „entscheidungsschwachen“ Chef. Die Ergebnisse der Fabrik entwickelten sich nur zögernd aus den „roten Zahlen“ heraus. K. wurde von der Konzernleitung entlassen.

Menschen, die sich schon längere Zeit in der passiven Rolle des Symbiotikers befinden, kennen die „scheinbaren" Vorteile, den „Spielgewinn":

• Keine eigenen Entscheidungen	– keine Gefahr von Fehlentscheidungen.
• Keine Initiative	– keine Gefahr, dabei anzuecken.
• Keine Verantwortung	– kann auch nicht zur Rechenschaft gezogen werden.

Auf diesen Gewinn müßten sie verzichten, wollten sie sich aus der Symbiose lösen. Und das tun manche Menschen gar nicht gern, nicht bereitwillig und nicht unter Druck. Du mußt also, willst du den Kampf gegen die Passivität aufnehmen, neben Ausdauer und Konsequenz auch viel Verständnis für die Menschen aufbringen, die in der Vergangenheit Lebensentscheidungen getroffen haben, die passives Verhalten im Betrieb zur Folge hatten.

5.
Kritik und Anerkennung

Anerkennung

Kennst du den Satz: „Wenn die Arbeit gut läuft, ist ja alles in Ordnung. Die Leute werden ja dafür bezahlt, daß sie gute Arbeit machen". So, oder so ähnlich, begründen viele Führungskräfte die Tatsache, daß sie kein anerkennendes Wort über die Lippen bringen. Sie handeln nach der Regel: *„Gib keine Anerkennung."*
Die Auswirkung dieser Verhaltensweise auf Mitarbeiter ist geringe Arbeitsfreude, geringe Motivation und oft genug auch ungenügende Leistung.
Es gibt leider noch drei weitere ungesunde Regeln: *„Nimm keine Anerkennung an."*
Viele Menschen werten jede Anerkennung ab:
- „ich habe eben Glück gehabt,"
- „das hätte jeder andere auch gekonnt."

Manche akzeptieren Anerkennung aus Mißtrauen nicht: „Das sagt er nur, weil er etwas von mir will!"
„Erbitte keine Anerkennung." Haben Sie schon mal Ihren Chef gefragt: „Finden Sie, daß ich meine Arbeit gut gemacht habe?" Nein? So etwas tut man doch nicht. Der Engländer sagt: „Don't fish for compliments." *„Gib dir selbst keine Anerkennung."* Der Volksmund bestätigt diese „Regel": „Eigenlob stinkt!" Diese vier Regeln befolgen bedeutet, zu wenig Zuwendung zu erhalten. Gleichgültigkeit und Frustrationen sind die Folge.
Dabei ist die Anerkennung der Leistung, der Zielerreichung, der Problembewältigung, der Lösung von Konflikten usw. eine notwendige Orientierung für jeden Menschen. Mehr noch, sie ist Nahrung für die positiven Gefühle der

Freude an der Arbeit, des Stolzes über die eigene Leistung, der Zufriedenheit über das Erreichte. Wer diese Nahrung nicht bekommt, „hungert“.

Daher drehe die Regel um und gib Anerkennung.

Deinem Chef: Ihr Erfolg freut mich.
Ihr Beitrag hat noch gefehlt, gut, daß er da ist. Schön, daß Sie die Arbeit noch geschafft haben.

Deinem Kollegen: Danke für die Hilfe.
Ich finde es gut, daß Sie mir den Auftrag jetzt schon bringen, dann kann ich ihn in Ruhe fertig machen.
Schön, daß wir fertig geworden sind.
Die Tagung ist gut gelaufen.
Ich sehe, daß Sie sich schon eingearbeitet haben. Das ging ja reibungslos.

Deinem Mitarbeiter: Ich fand es nett, daß Sie mir geholfen haben. Über Ihre Fortschritte bin ich erfreut. Ihre Ausarbeitung war komplett.
Vielen Dank. Den von Ihnen erstellten Bericht kann ich gut gebrauchen.

Und beachte dabei, keine Doppelsignale zu senden, die verdeckte Botschaften enthalten.

Anerkennung: „Wenn Sie wollen, können Sie.“
Verdeckte Botschaft: „Sonst wollen Sie nicht.“

Die Anerkennung des Chefs an einen neuen Gebietsverkaufsleiter bei Anwesenheit seiner Kollegen: „Das ist das erste Mal, daß einer von Ihnen in diesen Markt eingebrochen ist.“

Verdeckte Botschaft: „Ihr anderen habt es nicht fertig gebracht.“

Anerkennung hat verstärkenden Charakter. Es ist deshalb wert, zu überlegen, welche Eigenschaften, Fähigkeiten oder Merkmale du beim anderen verstärken möchtest.

In deiner Arbeitsgruppe ist ein junges Mädchen, die, wenn

sie etwas nicht richtig gemacht hat, rasch zu weinen anfängt. Wenn du ihr nun in der Situation des Weinens zu Hilfe kommst, verstärkst du das unselbständige Verhalten bei ihr. Du gibst ihr Anerkennung für Hilflosigkeit. Besser ist, du verstärkst ihre Ansätze von Selbständigkeit! Du hilfst ihr, anstatt sie in ihrer Entwicklung zu bremsen. Laß sie also weinen. Wenn sie ihre Tränen getrocknet hat, wieder mit der Arbeit anfängt, gib ihr Anerkennung für ihre Aktivität. „Schön, daß Sie jetzt Ihren Fehler korrigieren."

Drehe die zweite Regel um: Nimm Anerkennung an. Sieh dich um. Es gibt sie reichlich. Kollege A. bleibt stehen, wenn ihr euch trefft und plaudert ein paar Worte mit dir. Er signalisiert: Ich mag dich. Dein Vorgesetzter überträgt dir eine schwierige Arbeit. Er signalisiert: Ich schätze Ihre beruflichen Fähigkeiten. Dein Mitarbeiter erzählt dir ein privates Problem. Er signalisiert dir: Ich vertraue dir.

Auch die dritte Regel ist, umgedreht, richtig, um uns das Leben im Beruf zu erleichtern. „Erbitte Anerkennung."
Du hast einen guten Kunden gewonnen.
Du hast eine „unmöglich" fertigzustellende Arbeit fertiggestellt.
Du hast einen Konflikt gelöst, den noch niemand vor dir gelöst hat.
Dein Arbeitskollege oder Vorgesetzter reagieren nicht. Also, erbitte Anerkennung, damit es dir gut geht und du einen Beitrag für deinen gesunden Motivationshaushalt leistest. Es ist immer o.k., eine „verdiente" Anerkennung haben zu wollen. Sei nur nicht verdrießlich, wenn dein Kollege sie dir, auch auf deine Frage hin, nicht gibt. Das Haben-wollen ist immer o.k., das Erhalten ist eine andere Sache, die mit einem anderen Menschen zusammenhängt.

Vor allem die vierte Regel, positiv formuliert, ist ein Schritt zu deiner Selbständigkeit. Gib dir selbst Anerkennung: Ich kann meine Entscheidungen selbst treffen.

Ich bin o.k.
Ich habe Wissen.
Ich leiste gute Arbeit.
Meine Kollegen schätzen mich.
Meine Mitarbeiter fragen mich um Rat.
Ich habe eine verantwortungsvolle Arbeit.

Du kannst die Entscheidung treffen, daß du dir Anerkennung gibst und dich selbst o.k. fühlst. Du kannst dich selbst „ernähren" und brauchst dich nicht nur von anderen abhängig zu machen.

Kritik

Du hast ein schlechtes Gefühl. Eine Sache läuft nicht so, wie du sie dir vorstellst.
- Dein Mitarbeiter macht nun schon zum dritten Mal den gleichen Fehler.
- Dein Vorgesetzter hat vergessen, dich in einer wichtigen Angelegenheit zu informieren.
- Er hat dir eine Anweisung gegeben, die du völlig unmöglich ausführen kannst.
- Er hat dich übergangen.
- Ein Kollege hat eine Entscheidung gefällt, die zu deinem Kompetenzbereich gehört.
- Ein Kollege versäumte, dich bei einer Entscheidung miteinzubeziehen.

Dein schlechtes Gefühl, dein Ärger und deine Unruhe haben eine wichtige Signalwirkung: Für dich läuft eine Sache nicht richtig. Du kannst jetzt entscheiden, was du tust. Du behältst deinen Ärger und änderst nichts an der Sache. Du beginnst zu phantasieren über das, was der andere, warum der andere, zu welchem Zweck der andere etwas falsch macht.
Vielleicht phantasierst du auch, daß er dich abwertet, weil er diesen Fehler gemacht hat. Und dann machst du dir schlechte Gefühle auf Grund deiner Phantasien über den

anderen. Und damit du ja nicht erkennst, daß du dir den Ärger machst, schiebst du die Verantwortung auf den anderen und sagst:
Der macht mich ärgerlich,
der macht mich wütend.
Das ist also der Kreislauf, in dem du deinen Ärger behalten wirst:
Du ignorierst dein Gefühlssignal zur Änderung – du wertest dich ab.
Du phantasierst über Absichten und Gründe des Verhaltens des anderen, anstatt ihn zu fragen – du wertest ihn ab.
Du machst dir auf Grund deiner Phantasien schlechte Gefühle – du wertest dich ab.
Du unterschiebst ihm eine böse Absicht – du wertest ihn ab.
Du tust so, als ob der andere dich ärgerlich oder wütend machen könnte – du wertest dich ab.
Du tust so, als ob ein anderer dir Gefühle machen könnte.
Du übernimmst nicht die Verantwortung für dich selbst.
Daher hast du vor dir eine Ausrede, nichts ändern zu müssen.
Oder du benützt den Ärger als Signal zur Änderung oder zur Klärung. Dies ist der Sinn der schlechten Gefühle: Die Aufforderung deines Körpers an dich, dir Umweltverhältnisse zu schaffen, die deinen Bedürfnissen entsprechen.
Einige Beispiele:
- Deine Kollegin raucht sehr stark. Du willst frische und gesunde Luft haben. Signal: Ärger.
- Dein Vorgesetzter gibt dir eine Zielsetzung vor, die unrealistisch ist. Du willst nichts Sinnloses machen. Signal: Ärger.
- Dein Kollege macht Fehler in der Arbeit, die du weiterbearbeiten mußt. Signal: Ärger.
- Dein Chef ist in seinen Entscheidungen wankelmütig. Du kannst dich auf ihn nicht einstellen, weil er von heute auf morgen seine Meinung ändert. Du möchtest Konsequenz und Zuverlässigkeit bei der Arbeit zeigen. Es wird dir durch ihn erschwert. Signal: Ärger.

Wann immer dein inneres Gleichgewicht gestört ist, zeigt es dir dein Körpergefühl an. Ist diese Störung real, dann kannst du sie durch Kritik aussprechen, vielleicht beheben.

Kritik aussprechen

Kritik empfangen ist nicht einfach. Daher vermeide alles, was deinem kritisierten Gegenüber das Anhören und das Akzeptieren deiner kritischen Anmerkung erschwert. *Vermeide Übertreibungen,* sie sind eine Abwertung der Realität und des anderen.
„Sie kamen im letzten Monat ständig zu spät."
besser: „Sie kamen im letzten Monat dreimal zu spät."

„Sie machen ununterbrochen das Fenster auf, und ich bin schon ganz erfroren."
besser: „Nach jeder Zigarette öffnen Sie kurz das Fenster, und ich friere dann."

„Sie machen immer die gleichen Fehler."
besser: „Hier sind zweimal die gleichen Fehler."

Vermeide Phantasien über den anderen – du überschreitest die Ich-Grenze zu ihm. „Du machst heute so ein böses Gesicht, bist du böse auf mich?"
besser: „Du machst so ein finsteres Gesicht. Was ist los mit dir?" Hole Informationen ein, anstatt zu phantasieren.

„Sie haben die Reiseberichte nicht diktiert." Weißt du so genau Bescheid über den anderen? Überschreite nicht die Ich-Grenze!
besser: „Ich habe die Reiseberichte nicht vorliegen."

„Sie haben, obwohl wir darüber sprachen, den gleichen Fehler nochmals gemacht." Weißt du so genau, daß er den Fehler gemacht hat und nicht ein anderer?
besser: „Obwohl wir darüber gesprochen haben, ist wieder der gleiche Fehler aufgetreten."

„Ihre unfreundliche Art verschlechtert unser Betriebsklima.“ Den anderen als unfreundlich abzustempeln, ist ein Überschreiten der Ich-Grenze. Bleib bei dir, und beschreibe dich in Reaktion auf ihn!
besser: „Wenn Sie so mit mir sprechen wie jetzt, ärgere ich mich.“

Vermeide Abwertungen deines Gesprächspartners. Sie sind Ausdruck deines negativ kritischen EL.
„Sie sind unzuverlässig, auf Sie kann ich mich nicht verlassen.“ Bleibe sachlich beim Tatbestand und den Auswirkungen.
besser: „Die zugesagten Termine haben Sie nicht eingehalten. Was war die Ursache?“

Abwertungen des anderen werden als verletzende, destruktive Bemerkungen aufgefaßt.
„Ich bin einfach nicht mehr bereit, Ihre unorganisierte Arbeitsweise weiter zu akzeptieren.“ Drehe die kritische Mitteilung um, damit sie konstruktiv aufgenommen werden kann.
besser: „Mir ist aufgefallen, daß wir in unserer Abteilung die Arbeit auf recht unorganisierte Weise erledigen. Die Arbeitsaufträge von Ihnen kommen tagsüber tropfenweise.“

„Ich dulde es nicht länger, daß Sie, in rücksichtsloser Art, immer das Fenster zumachen, wenn ich es aufmache.“
besser: „Wir beide haben unterschiedliche Wärmebedürfnisse. Mir ist oft zu heiß, und Ihnen ist zu kalt. Was machen wir da?“

Vermeide Behauptungen! Hast du schon mal erlebt, daß du fest davon überzeugt warst, ein anderer hätte einen Fehler gemacht, und anschließend stellt sich heraus, daß du es selbst warst?

A: „Wie oft soll ich dir noch sagen, daß du meine Schere nicht wegtragen sollst.“
B: „Ich hab sie nicht. Du hast sie doch gestern mit ins Büro genommen.“

A: „Frl. B., jetzt können Sie schon wieder eine Akte nicht finden? Ihre Unordnung dulde ich nicht länger!"
B: „Hr. A., ich habe den Akt auf Ihren Wunsch hin gestern auf Ihren Schreibtisch gelegt."
A: „Aber er ist nicht da."
B: „Darf ich mal nachschauen? Hier ist er."
Das sind peinliche Situationen, in denen du dich und den Partner abwertest, weil du Behauptungen aufstellst, die du nicht überprüft hast. Selbst wenn du, subjektiv, der Meinung bist, eine Sache sei bestimmt so gelaufen, vergiß nie, daß du dich irren kannst!
Also formuliere die Kritik so, daß du nicht Behauptungen, sondern Tatsachen aussprichst.
Besser: „Ich kann meine Schere nicht finden. Weißt du, wo sie ist?"
Besser: „Ich finde den Akt nicht. Wissen Sie, wo er ist?"

Kritik empfangen

Du fühlst dich gut, bist mit dir im Einklang. Ein Kollege kommt mit einer Kritik an dir. Nimmst du sie an? Lehnst du sie ab? Er ist offenbar unzufrieden. Er möchte, daß du dein Verhalten änderst, damit er sein inneres Gleichgewicht wieder herstellen kann.
Nimmst du die Kritik an, mußt du dich ändern und deine innere Balance neu herstellen. Lehnst du die Kritik ab, muß er mit seiner inneren Unzufriedenheit weiterleben. Du brauchst dich nicht zu ändern und kannst in deiner inneren Balance bleiben. Z. B.: Du bist gerne großzügig in Ordnungsfragen. Er ist penibel ordentlich. Ihr sitzt im gleichen Büro mit gemeinsamer Aufgabenstellung, Ablage und Terminen.
Für dich ist deine großzügige Unordnung sehr angenehm, sie entspricht deinem Naturell. Für ihn ist sie eine Belastung, weil er oft Dinge nicht findet, Termine vergessen oder zu spät wahrgenommen werden.

Bist du mit mehr hierarchischer Macht ausgestattet als er, hast du die Möglichkeit, seine kritischen Anmerkungen abzublocken. Viele Vorgesetzte mißbrauchen ihre Macht zu diesem Zweck. Also, in diesem Fall kannst du ihn zwingen, sich mit deiner Unordnung abzufinden.
Aber auch ohne diese hierarchische Hilfe kannst du die kritische Anmerkung deines Kollegen abblocken. Du verschließt dich seinen Änderungswünschen und machst es weiter so wie bisher. Du läßt seine kritischen Anmerkungen gar nicht in dich hinein, überprüfst sie gar nicht. Sagst nur nein und machst es nicht. Du zahlst einen doppelten Preis für diese starre Haltung. Du nimmst dir die Möglichkeit einer Weiterentwicklung. Du gibst dir nicht die Chance einer Neuorientierung auf einer anderen Wissens- und Erkenntnisstufe. Du blockierst dich, indem du nichts Kritisches aufnimmst.
Du leistest einen schlechten Beitrag für eure Zusammenarbeit. Jedes Abblocken unterbricht die zwischenmenschliche Beziehung. Dein Kollege wird eines Tages aufhören, dir kritische Rückmeldungen zu geben. Du glaubst dann, eure Zusammenarbeit sei konfliktfrei und problemlos.

Öffne dich für Kritik! Geh das Risiko ein! Nimm die kritische Anmerkung in dich auf. Prüfe sie. Frage deinen Kollegen nach seinen Beobachtungen und Erfahrungen. Frage nach Auswirkungen, wie er sie sieht. Prüfe seine Kritik und stelle sie deiner Ansicht gegenüber. Gib dir eine Chance, etwas Neues zu lernen und zu erfahren. Gib ihm das o. k.-Signal für seine kritische Äußerung. Er wird das nächste Mal wieder zu dir kommen, wenn er eine Schwierigkeit sieht. Gib eurer Zusammenarbeit gesunde Nahrung!

6.
Sich selbst entwickeln

Du möchtest dich ändern. Eine Verhaltensweise, eine Grundeinstellung, Gefühle, Stimmungen, Abneigungen, eine bestimmte Art zu handeln? Geht denn das? Kann man denn das? Ich frage zurück: Willst du?

„Nimm dich, wie du bist“* ist ein Buchtitel und eine grundwichtige Aussage: Akzeptiere dich, wie du bist, mit allen Stärken und Schwächen, Fähigkeiten und Eigenschaften, Stimmungen und Gefühlen. Diese Aussage, die richtig ist, steht nur scheinbar im Widerspruch zum Änderungsbegehren. Die Fähigkeit, zu dir selbst ja zu sagen, wie du eben bist oder mit Eric Berne „ich bin ok“ – zu dir selbst zu stehen, ist die Grundvoraussetzung jedes persönlichen Entwicklungsprozesses. Erst auf der Basis „ich akzeptiere mich“ kannst du Veränderungen erreichen. Stehst du mit dir selbst im Unfrieden und handelst nach der Grundposition „Ich bin nicht ok“, benötigst du sehr viel Energie, um das unerwünschte Verhalten abzuwehren, anstatt deine Energie darauf zu konzentrieren, Neues zu erlernen und auszuprobieren.

Die Zauberformel für Veränderungen heißt also:

> *Ich sage ja zu mir – „ich bin ok“ – und ich habe den Willen, mich zu verändern.*

---

* R. Rogoll: Nimm Dich, wie Du bist, Herderbücherei Band 593.

Aus einer Rose wird niemals ein Elefant, das soll heißen, daß du deine Entwicklungswünsche niemals erreichst, wenn du dir utopische Ziele setzt. „Werde, der du werden kannst“*, sagt dies deutlich. Du kannst dich nicht beliebig verändern. Du kannst dich entfalten, in dir schlummernde Fähigkeiten und Kräfte aufwecken. Du kannst Störendes in deinem Verhalten aufgeben und Neues ausprobieren.

Du kannst keinen anderen Menschen verändern.

Aber du kannst wachsen. Veränderung ist das Kennzeichen des Lebens. Wir verändern uns alle körperlich und seelisch, im Verhalten, Denken und Fühlen. Du kannst „ja“ sagen oder „nein“ sagen zur Veränderung. Es nützt dir nichts. Du bist vor fünfzehn Jahren ein anderer gewesen als heute und wirst in fünfzehn Jahren ein anderer sein als heute. Aber du hast es in der Hand, deine Veränderungen „über dich ergehen zu lassen“ oder sie zu steuern. Das liegt in deiner Entscheidung.

Ich kann nicht – ich will nicht. –
Die Verantwortung für dein eigenes Handeln:

- Das kann ich dem Chef nicht sagen.
- Ich kann kein freundliches Gesicht machen.
- Diese Auskunft kann ich Ihnen nicht geben.
- Ich kann in dieser Firma niemandem vertrauen.
- Ich konnte meine beruflichen Ziele nicht erreichen.

Natürlich gibt es Dinge, die du nicht kannst, z. B. französisch sprechen, wenn du es nicht gelernt hast. Hier ist etwas anderes gemeint. Formuliere die Sätze um, so daß du die Verantwortung für dein Verhalten übernimmst:

- Das will ich dem Chef nicht sagen.
- Ich will kein freundliches Gesicht machen.

---

* W. Rautenberg / R. Rogoll: Werde, der Du werden kannst, Herderbücherei Band 776.

- Diese Auskunft will ich Ihnen nicht geben.
- Ich will in dieser Firma niemandem vertrauen.
- Ich habe meine beruflichen Ziele nicht erreicht.

Du spürst einen schärferen Wind? Diese Formulierungen enthalten eine klare Aussage über den Inhalt und die Verantwortung, deine Verantwortung.

Benützt du die „ich kann nicht"-Formulierung, machst du dich in deiner Entscheidung abhängig von anderen Personen oder Einflüssen. Du tust, als ob du nicht verantwortlich seist, sondern ein anderer, als dessen Erfüllungsgehilfe du dich darstellst. Oder du tust, als ob es ein nicht-in-deinen-Händen-liegender Einfluß sei: „Ich würde ja gerne vertrauen, aber ich kann nicht", der übermächtig dir vorgibt, was du tun und lassen mußt.

Gib dir Autonomie in jenen Entscheidungen, die du triffst. Dann spürst du die Verantwortung für dein Handeln, Denken und Fühlen. Verantwortung heißt Antwort geben. Übernimmst du Verantwortung, bist du es, der Antwort gibt in jener Art und Weise, die dir heute sinnvoll und angemessen vorkommt.

> *Verantwortung für sich selbst übernehmen ist der erste Schritt zur Veränderung.*

Auch an anderen Formulierungen kannst du ablesen, ob einer die Verantwortung für sein Denken und Handeln übernimmt.

Ich habe es nicht erreicht, statt: Es hat nicht geklappt.

Ich habe einen Fehler gemacht, statt: Mir passierte ein Fehler.

Hier will ich nicht offen reden, statt: Hier in dieser Firma kann man nicht offen reden.

Die Verantwortung für die eigenen Gefühle

- Meine Kollegin macht mich ärgerlich.
- Sie sind schuld, daß ich mich so aufgeregt habe.
- Ich kann nichts dafür, daß ich ihn so unsympathisch finde.
- Du hast mich enttäuscht – Du machst mich unglücklich.

Alle diese Aussagen gehen von der Annahme aus, daß andere mir Gefühle machen können. Folge ich dieser Annahme, schiebe ich die Verantwortung für diese Gefühle den anderen zu: Er hat mich unglücklich, ärgerlich, aufgeregt gemacht ... Wie macht der das? Zeig mir einen, der das kann. Er wäre ein Zauberer. Nein, deine Gefühle machst du dir schon selbst! Du reagierst auf gewisse Signale des anderen mit deinen Gefühlen. Du hast die Freiheit, so zu reagieren, wie du es für sinnvoll ansiehst. Du hast die Wahl.

Dazu ein Beispiel.
Dein Chef gibt dir eine unsinnige Anweisung.

1. Du reagierst ärgerlich und schluckst den Ärger herunter.
2. Du reagierst gleichgültig und tust, was er dir angewiesen hat.
3. Du freust dich, weil du ihn bei einem Fehler entdeckt hast.
4. Du reagierst hämisch und denkst dir, er wird schon sehen, was er da angerichtet hat.
5. Du reagierst sachlich, machst ihn auf seinen Fehler aufmerksam.
6. Du reagierst mit Angst bei dem Gedanken, ihm diesen Fehler mitzuteilen.

Da du die Entscheidungsfreiheit besitzt, deine gefühlsmäßige Reaktion zu bestimmen, experimentiere, wenn du Freude daran hast. Wähle ein anderes Gefühl als deine Antwort!
Du kannst dir mit Hilfe deines Verstandes Argumente zur Unterstützung nehmen.

Ein Beispiel:
Der Kollege hat dich nicht rechtzeitig informiert, und du mußt daraufhin Arbeiten doppelt machen.

Gefühlsmäßige Reaktion:	Ärger auf den Kollegen. (Du bist nicht ok.)
Gedanken:	Lästige Doppelarbeit
Du änderst deine Gedanken:	Er ist doch sonst so zuverlässig, was mag der Hintergrund dieses Versäumnisses sein?
Gefühlsmäßige Reaktion:	Normale, freundliche Einstellung gegenüber dem Kollegen. (Du bist ok.)

Du kannst deine Gefühle ändern, indem du deine Gedanken anders einstellst.

Wut und Ärger

- „Vor lauter Wut über meinen Chef konnte ich nichts mehr arbeiten", sagt ein Kollege zu Ihnen.
- „Das hat mich blockiert. Ich mußte sofort zum Betriebsrat gehen."
- „Wenn ich eine Wut kriege, muß ich erst einmal meine Mitarbeiter anschreien."

Diesen Aussprüchen ist gemeinsam, daß Gefühl und Verhalten als untrennbar miteinander verbunden erlebt werden. Das entspricht jedoch nicht der Wirklichkeit.
Fühlen und Verhalten laufen zwar parallel, aber sind voneinander unabhängige seelisch-körperliche Vorgänge.

- Du ärgerst dich über deinen Chef und entscheidest dich daraufhin, die Arbeit für heute einzustellen. Du könntest auch viele andere Verhaltensweisen wählen.

- Du spürst Wut und entscheidest dich, deinen Mitarbeiter anzuschreien. Du könntest auch ruhig bleiben und ein Problemlösungsgespräch mit ihm führen.

Du kannst dich darin üben, Gefühl und Verhalten auseinanderzuhalten.

> *Du kannst dich ärgern, so viel du willst – wie du dich verhältst, ist in deiner Hand.*

Auch Denken und Fühlen laufen als parallele Prozesse ab. Das Denken mußt du nicht abschalten, wenn du dich auch noch so sehr ärgerst.

Deine aggressiven Gefühle sind möglicherweise ok. Dein aggressives Handeln im Betrieb ist nicht ok.

„Der hat doch sicher wieder schlecht über mich gesprochen." Schon ärgerst du dich bei diesem Gedanken.

„Der wird mir sicherlich auch dieses Mal ein unkomplettes Konzept abliefern", und in Erwartung dieses Ereignisses ärgerst du dich bereits.

Das kannst du natürlich sehr erfolgreich tun, dich über mögliche, zukünftige Ereignisse ärgern. Und solange du die tatsächlichen Umstände nicht geprüft hast, kannst du auch dabei bleiben. Willst du dieses Verhalten ändern?

Dann prüfe, ob das, worüber du dich ärgerst, real oder eingebildet ist. Ist es nur Vermutung, dann phantasierst du etwas über den anderen und machst dir als Reaktion darauf schlechte Gefühle.

Vorwürfe

- „Daß der Meister eine andere zur Vorarbeiterin befördert hat, obwohl ich die besser qualifizierte bin, verzeih ich ihm nie. Ich werfe ihm vor, daß er mich benachteiligt hat."

- „Ich werfe Ihnen vor, daß Sie sich nicht für Ihre Mitarbeiter einsetzen."
- „Ich werfe Ihnen vor, daß Sie sich zu wenig durchsetzen."
- „Ich werfe Ihnen Ihr Desinteresse vor."
- „Sie sind zu wenig zuverlässig."

Vorwürfe kommen aus dem EL-Ich. Ihr Ziel ist, das Schuldbekenntnis des anderen. Sie sind gefühlsbeladene Änderungsbegehren an andere Menschen und signalisieren „Du bist nicht ok".

Du kannst andere Menschen nicht verändern. Aber du kannst bei deiner Vorwurfshaltung bleiben.

- „Bis Sie die Beförderung meiner Kollegin vor zwei Jahren rückgängig gemacht haben werden, werfe ich Ihnen Ungerechtigkeit vor."
- „Bis Sie eines Tages (und der kommt nie) mehr Durchsetzungsvermögen haben werden, werfe ich Ihnen Schwäche vor."
- „Bis Sie eines Tages (und der kommt nie) meine Vorstellungen von Zuverlässigkeit übernommen haben werden, werfe ich Ihnen Unzuverlässigkeit vor."

Du spürst die Sinnlosigkeit dieser Haltung. Du kannst sie ersatzlos streichen.

Enttäuschung

- Wenn der Krieg nicht gewesen wäre, hätte ich studiert.
- Wenn mir mein Lehrer damals nicht von einer höheren Schule abgeraten hätte, wäre ich heute woanders.
- Wenn ich einen anderen Vorgesetzten hätte, wäre ich längst befördert.
- Wenn ich einen anderen Mann geheiratet hätte, hätte ich Karriere machen können.
- Wenn wir hier nicht ein Haus gebaut hätten, wäre ich schon längst Abteilungsleiter in einer anderen Stadt.

Der enttäuschte Mensch schaut immer zurück. Er übersieht das, was ist. Er geht quasi rückwärts durchs Leben.
Du kannst bei deiner Enttäuschung bleiben und dabei die gegenwärtigen Dinge ignorieren. Dazu empfehle ich dir, einmal aufzuschreiben, was geschehen wird, wenn du lange genug enttäuscht gewesen bist.

Zum Beispiel:
- Wenn ich lange genug enttäuscht gewesen bin, wird der Krieg, der 1945 aufhörte, nicht stattfinden, und ich kann studieren.
- Wenn ich lange genug enttäuscht gewesen bin, wird mir mein Volksschullehrer vor fünfzehn Jahren einen anderen Rat geben.
- Wenn ich lange genug enttäuscht gewesen bin, wird mein Vorgesetzter, der seit zehn Jahren Abteilungsleiter in dieser Firma ist, nicht mehr Abteilungsleiter sein.

Du lachst. Ich auch.
„Wenn meine Tante Räder hätt, wär sie ein Omnibus."

Angst und Hemmung

Du hast Angst vor etwas. Dieses „nervöse Gefühl in der Magengrube", diese ängstliche Erregung, die du in deinem Körper spürst, hat Signalwirkung. Diese zeigt dir an, daß du vor einer unbekannten oder gefährlichen Situation stehst. Angst ist also die gefühlsmäßige Reaktion auf eine wirkliche oder phantasierte mögliche zukünftige Gefahr.
Angst ist aber auch die Gefühlsreaktion auf Unbekanntes, Neues, noch nicht Ausprobiertes.
Ein Mensch, der Angst davor hat, seinen Arbeitsplatz zu verlieren, steht möglicherweise in der Gefahr, arbeitslos zu werden. Möglicherweise findet er einen neuen Job mit interessanterer Arbeit. Beide und noch andere zukünftige Ereignisse sind möglich. Die Zukunft liegt im dunkeln.
Da unserer aller Zukunft unbekannt ist, haben ängstliche

Naturen ein weites Betätigungsfeld, um sich Angst zu machen.

- Du wirst vielleicht gekündigt.
- Du findest vielleicht nicht wieder so eine gut bezahlte Stelle.
- Du wirst sicher keinen so netten Chef wiederfinden.
- Du hast Angst davor, schlecht angesehen zu sein.
- Die Kollegen reden vielleicht schlecht über dich, davor hast du Angst.
- Du wirst vielleicht benachteiligt werden.
- Auch könntest du verunglücken und jung sterben.

Du siehst klar: Ängstliche Menschen sehen die Gegenwart nicht. Sie wenden viel Energie dafür auf, voll beklemmender Gefühle in eine phantasierte Zukunft zu schauen.

Eine Reaktion auf Angst ist Hemmung. Hemmen heißt zurückhalten, blockieren, nicht durchlassen.

Vor lauter Angst vor dem Unbekannten schränkst du dich ein. Du nimmst dir etwas an Fähigkeiten weg, was du im Grunde besitzt: Du kannst dich gewandt ausdrücken und hast ein selbstsicheres Auftreten. Im Gespräch mit deinem Generaldirektor beobachte ich dich und sehe, wie du dich „impotent“ machst. Du redest lang, umständlich, mit zaghafter Stimme. Wo hast du deine Kraft gelassen? Gerade jetzt könntest du sie so gut gebrauchen. Du trübst mit deinen Angstphantasien deinen Verstand und nennst es Hemmung.

Trübung des ER
aus dem angstvollen K heraus.

Betrachte die Angst vor deinem Direktor. Was für Katastrophen können eintreten?

- Er könnte sich eine schlechte Meinung von dir bilden.
- Er könnte dich benachteiligen bei der nächsten Gehaltsüberprüfung.
- Er könnte einen anderen dir vorziehen,
- nicht mehr mit dir sprechen,
- deinen Job einem anderen geben,
- deine Kündigung betreiben.

Und aus Angst vor all diesen möglichen Katastrophen blokkierst du deine Fähigkeiten und stellst dich „impotent“ dar.
Und weil du dich in deiner Hemmung nur stotternd und langatmig ausdrückst, hast du den ersten handfesten Beitrag dazu geleistet, daß deine Katastrophenprophezeiung wirklich wird.
Und diesen Kreislauf nennen wir dann eine sich selbst erfüllende Prophezeiung: Du tust selbst alles dazu, damit das, vor dem du Angst hast, wirklich wird.

Beispiele für Hemmungen:

- „Wenn ich zum Vorgesetzten gehen muß, zittert alles in mir. Ich habe Angst davor, daß er einen schlechten Eindruck von mir erhält.“
- „Ich habe immer gedacht, ich könnte mich nicht so gut ausdrücken wie andere, daß mir die Worte fehlen. Dann habe ich nichts gesagt.“
- „Ich habe mir immer eingebildet, daß ich was Falsches sage, und habe mich deshalb nie getraut, aktiv zu werden.“
- „Ich habe die Ausbildung am Bildschirm abgeschlossen und beherrsche die Demonstration. Wenn Besuch von der Zentrale kommt und ich demonstrieren soll, bringe ich alles durcheinander.“

Willst du daraus aussteigen?
Du hast die Freiheit, dir erregende künftige Ereignisse auszudenken. Wie du auch die Freiheit hast, dir die unbekannte Zukunft in düsteren Farben auszumalen. In der Vergangenheit konzentriertest du dich auf mögliche zukünftige Katastrophen. Heute konzentrierst du dich auf

reizvolle, interessante, dich anregende, dich weiterbringende, mögliche zukünftige Ereignisse.

Was willst du an dir ändern?

Die eigene Ungeduld bekämpfen:

„Ich weiß immer, was der Chef von mir will, oder bilde mir ein, es zu wissen. Ich lasse ihn dann nicht ausreden, sondern fahre dazwischen, sage z. B.: ‚Das habe ich schon bestellt.' Aber es kommt vor, daß er einen anderen Auftrag im Kopf hat, und dann fühlt er sich überfahren. Ich ärgere mich, daß ich ihm über den Mund fahre. Ich will meine Ungeduld zügeln!"

Wie?

- Verantwortung übernehmen für den eigenen Rhythmus von Zuhören, Abwarten und Sprechen.
- Die Einstellung „du bist ok" übernehmen. Es ist ok, wenn er ein anderes Tempo hat.

Die eigene Überzeugungskraft verbessern:

„Ich habe ein sehr gut vorbereitetes Gespräch ergebnislos abgebrochen. Mein Gesprächspartner war nicht vorbereitet. Ich habe mich zwar bemüht, nicht aggressiv zu reagieren, aber zeigte im Laufe des Gespräches immer weniger Kompromißbereitschaft. Mein Gesprächspartner griff mich persönlich mit Worten an, und ich reagierte darauf mit Aggression. Ich habe zum Schluß gesagt: ‚Es geht leider nicht', obwohl es gegangen wäre. Ich möchte zu einem Ergebnis kommen. Ich möchte weniger empfindlich reagieren." – Wie?

- Erkennen, daß Abblocken ein ungeeignetes Instrument ist, um andere zu überzeugen
- und, daß er Abblocken benutzt, um sich zu rechtfertigen, wenn er ohne Ergebnisse zurückkommt,
- sehen, daß er sich mit dem Abblocken am Erreichen des Erfolges selbst hindert,
- neue Entscheidungen treffen.

Die eigene Empfindlichkeit verringern:

„Ich bin sehr empfindlich und möchte, daß mein Chef mich schätzt. Wenn er kurz angebunden ist, denke ich, er ist gegen mich. Deshalb sollte er immer gleichmäßig freundlich zu mir sein. Ich phantasiere, was wohl mit ihm los sei und was er gegen mich hat. Ich möchte ihn nicht darauf ansprechen."

Wie?

- Unklarheit über mögliche Gedanken des Chefs durch Fragen ausräumen,
- das eigene Wohl-fühlen: „Ich bin ok" nicht abhängig machen vom Mienenspiel des Vorgesetzten,
- Verantwortung übernehmen über die eigenen Gefühle, aus der Symbiose aussteigen.

Neben guten Ergebnissen auch Zufriedenheit bei anderen erreichen (Retterspiel):

„Wir sind eine Gruppe. Kommen neue Aufgaben, wird im Team lange diskutiert, bis ein Konsens besteht, und alle ihre Zustimmung über die Arbeitsverteilung deutlich ausdrücken. Wochen später komme ich darauf, bei informellen Gesprächen z. B. in der Kantine, daß der eine oder andere recht unglücklich ist. Ich würde gerne etwas tun, weiß aber nicht was, denn die Sache ist besprochen und entschieden. Ich möchte Zufriedenheit herstellen. Ich möchte meine Kollegen glücklich machen."

Wie?

- Aus dem „Rettertrip" aussteigen, die anderen Kollegen sind erwachsene Menschen und für sich selbst verantwortlich,
- auf formulierte Bitte um Hilfe eingehen,
- nach gründlicher Entscheidungsdiskussion Vereinbarungen einhalten,
- falls Aufgabenstellung sich wesentlich ändert, eventuell eine neue Entscheidungsrunde einberufen.

Nicht alles selbst machen:

„Für eine Zusatzarbeit benötigte ich EDV-Unterstützung. Ich hatte ein fix-fertiges Konzept im Kopf, aber der EDV-Leiter zerpflückte mir das sachlich. Das Ergebnis war, daß ich sagte: ‚Ich brauche Eure EDV-Unterstützung nicht, wir werden das mit Handarbeit erarbeiten. Ich mache das sowieso besser als Ihr!

Drei Monate arbeitete ich daran, bis der Datenumfang zu groß wurde.

Die Gefahr besteht, daß ich immer mehr arbeite und Überstunden mache, um mir zu beweisen, daß ich besser bin."

Wie?

- Bei Zusammenarbeit auch gemeinsam das Konzept erarbeiten,
- Konzept „wenn du nicht tust, was ich sage, werte ich dich ab und schade mir" überprüfen:
  Ich mache es besser als die anderen?
- Konkurrenzkonzept aufgeben.

Durchsetzungsvermögen und persönliche Autorität stärken:

„Wir sind in einer Projektgruppe Transportsystem, und ich bin der Verantwortliche für die Schulung der Mitarbeiter. Mein Kollege hatte die Schulungsaktivitäten in seinem Bereich für einen Termin zugesagt, diese aber immer wieder verschoben. Er deutet im Gespräch schon an, daß seine Mitarbeiter nicht geschult sein würden und meint, daß wir beim Anlauf sowieso mit weniger geschultem Personal auskommen werden, als ursprünglich vereinbart war.

Mir ist es nicht gelungen, ihn zu überzeugen, doch noch seinen Verpflichtungen nachzukommen. Zu seinem Vorgesetzten möchte ich nicht gehen."

Wie?

- Gesprächspartner auf Vereinbarung hinweisen,
- ihm bei einseitiger Änderung der Vereinbarung Konsequenzen aufzeigen,
- auf vage Versprechungen hin präzise Details erfragen,
- eigene konsequente Terminverfolgung und Kontrolle.

7.
Zusammenarbeiten

Zusammenarbeiten heißt, miteinander, also mit anderen und nicht allein, zu arbeiten, mit anderen zusammen Arbeitsziele anzustreben, Probleme zu lösen und mit den anderen den Erfolg des Arbeitsergebnisses gemeinsam teilen. Erfolg haben heißt ja, Folgen haben und mit der Arbeit Wirkung tun. Erfolg bei der Zusammenarbeit in diesem ursprünglichen Sinn bedeutet

- den anderen unterstützen und sich unterstützen lassen,
- des anderen Ideen aufnehmen, weiterverarbeiten, und die eigenen Ideen dem anderen mitteilen,
- gemeinsame Anstrengung unternehmen und gemeinsam den Erfolg genießen.

Zusammenarbeit setzt eine offene und auf den anderen bezogene Grundeinstellung voraus und ein Bündel von Verhaltensweisen, die diese fördernden Einflüssc auf den anderen auszuüben geeignet sind. Eric Berne nennt diese Grundeinstellung „Du bist ok“ und meint damit jene Verhaltenssignale, die dem anderen zeigen:

- Du kannst mir vertrauen,
- deine Ideen respektiere ich,
- ich helfe dir und unterstütze dich.

In einem solchen Klima des Vertrauens zwischen Menschen gedeiht Zusammenarbeit sehr gut. Nicht umsonst ist es seit langem bekannt, daß eine gut zusammenarbeitende Gruppe in ihrer Wirkung selbst dem hervorragend allein arbeitenden Menschen überlegen ist.

Das Gegenteil von Zusammenarbeit ist Konkurrenz.
Der sich in Konkurrenz fühlende Mensch möchte den anderen überflügeln, er möchte besser sein als dieser. In Konkurrenz treten können nur Menschen, die das gleiche oder ein ähnliches Ziel haben. Das ist nicht Erfolg mit anderen, sondern Erfolg vor anderen, auf deren Kosten, gegen ihren Willen. In der Konkurrenz stemmt sich einer vom anderen ab.
Um vermehrte Bedeutung in den Augen der Umwelt zu erlangen, greift der Besser-sein-wollende zum Mittel der Selbstdarstellung. Er wählt für sich eine Rolle, von der er annimmt, daß er darin einen besseren Eindruck macht. Er unternimmt Initiativen, von denen er erhofft, daß er durch sie einen Vorsprung vor den anderen gewinnt. Sein Vorteil ist der Nachteil des anderen. Meist genießt der Mensch im Konkurrenzdenken seine „Erfolge" nicht, denn er kann nie sicher sein, daß sein Vorsprung nicht schon morgen von einem anderen eingeholt wurde. Sicherheit gibt es für ihn nicht, denn sein persönlicher Erfolg ist ihm nie sicher, er ist immer nur kurzfristig. Die Sehnsucht nach Sicherheit im Erfolg treibt ihn zu immer mehr Initiativen an.
Konkurrenz in der Arbeit bedeutet:
- Egoistische Ziele verfolgen,
- die anderen behindern, keinesfalls für sie, sondern gegen sie handeln, ihnen schaden,
- eigene Ideen nur für sich selbst verwenden,
- den Erfolg nur für sich selbst verbuchen.

Konkurrenz setzt eine gegen den anderen gerichtete Grundeinstellung voraus und ein Bündel von Verhaltensweisen, die Zusammenarbeit behindern.
Eric Berne nennt diese Grundeinstellung „Du bist nicht ok" und meint damit jene Verhaltenssignale, die dem anderen zeigen, „ich bin besser als du".
Signale der Kategorie „du bist nicht-ok" sind also zusammenarbeitshindernde Initiativen:
- Ich weiß mehr als du,
- ich bin angesehener als du,

– ich habe mehr Erfolg als du,
– ich besitze mehr als du.

„Ich bin ok – du bist nicht ok".
Das Verfolger-Spiel in der Zusammenarbeit:

Personen: Meister A. und Meisterin B., beide Vorgesetzte einer Montagegruppe, Abteilungsleiter C., beiden hierarchisch überstellt.

Situationsbeschreibung aus der Sicht von Meister A.:
„Meisterin B. hat ein Produkt schlecht hergestellt, durch unzureichende Schulung einer Mitarbeiterin. Bei der täglichen Rechtfertigung über den Ausschuß beim Abteilungsleiter hat sie sich herausgeredet, es läge an meiner Maschine. Der Abteilungsleiter hat mich dann kritisiert!
Ich bin dann später zu ihr gegangen. Sie arbeitet mit ihrer Gruppe in einer Halle. Ich sage: ‚Ich habe mir das angeschaut. Die Frau auf der Maschine haben Sie zu wenig gut angelernt. Ich hab' überhaupt was dagegen, wenn Sie zum Abteilungsleiter rennen und petzen.' Frau B. sagte nichts. Wenig später kommt der Abteilungsleiter zu mir und stellt mich zur Rede. Wieso ich sagen könne, Meisterin B. würde petzen.
Da reißt mir der Geduldsfaden. Ich gehe wieder zum Platz von Frau B. Sie steht direkt neben ihrer Vorarbeiterin. Zu der sage ich, so, daß es Frau B. und alle anderen hören können: ‚Sagen Sie Ihrer Meisterin, sie solle die Kindergartenmethoden einstellen.'
Wenn ich einen Menschen nicht akzeptiere, ist er für mich kein Gesprächspartner. Die Zusammenarbeit wird sich erst bessern, wenn Frau B. die eigenen Fehler zugibt. Ich fühle mich automatisch etwas überlegen, weil ich mehr Erfahrung habe. Ich kenne mich in der Sache gut aus. Ich weiß, was richtig und was falsch ist. Vielleicht ist es instinktiv eine Geringschätzung der Frau B. Ich fühle mich ihr fachlich überlegen, und deshalb schätze ich sie geringer ein, im Innern, nicht wissentlich, instinktiv. Ich bin der Frau fachlich überlegen, und deshalb darf ich auch so handeln."

Analyse:
Die Zusammenarbeit zwischen Meister A. und B. ist schwer gestört. Meister A. lebt nach dem Konkurrenzkonzept. Seine Grundeinstellung gegenüber anderen: Ich bin besser als du, und deshalb darf ich dich herabsetzen, oder, mit Eric Berne, „ich bin ok – du bist nicht ok“. Meister A. signalisiert eine Menge „du-bist-nicht-ok“-Signale. Das sind zusammenarbeitsfeindliche Initiativen:
- Er nimmt automatisch an, Fehler entstünden nicht in seiner Gruppe, sondern bei der Kollegin.
- Er kritisiert die Kollegin vor anderen.
- Er beschimpft sie vor anderen.
- Er akzeptiert sie weder fachlich noch menschlich.

Lösung:
Meister A. muß das Konkurrenzkonzept aufgeben.
Er sollte erkennen, daß nicht gegen, sondern mit den anderen arbeiten für alle den besten Erfolg bringt.

Richtiges Vorgehen:
A. geht zu Frau B.: Sie haben einen Fehler festgestellt?
B.: Ja ...
A.: Lassen Sie uns gemeinsam untersuchen, wie er entstanden ist, damit er nicht ein zweites Mal vorkommt.
B.: ok.

„Du bist ok, daher bin ich nicht ok“.
Neid in der Zusammenarbeit:
Personen: Herr D., Sachbearbeiter in der gleichen Abteilung wie Herr E.
Situationsbeschreibung aus der Sicht von Herrn D.:
„Ich kann Herrn E. nicht leiden, ich habe eine große persönliche Abneigung gegen ihn. Ich muß mit ihm zusammenarbeiten und will gute Teamarbeit leisten. Ich möchte ihm gegenüber mehr Geduld entwickeln, obwohl ich ihn nicht mag. Herr E. ist in den Besprechungen sehr gut, er bringt hervorragende Beiträge. Seine Aussagen haben Ge-

wicht. Ich möchte auch gut angeschrieben sein und weiterkommen. Jeder möchte sich gut darstellen, da ist der Neid der Kollegen etwas ganz Normales.
Herr E. ist fachlich qualifiziert, und ich bilde mir ein, ich kriege weniger Anerkennung, wenn er dabei ist. Vielleicht ist das bei mir Geltungsbedürfnis. Ich möchte gerne Anerkennung und beruflichen Erfolg. Wenn mir einer sympathisch ist, freue ich mich über seinen Erfolg. Aber den Herrn E., den kann ich nicht leiden. Ich weiß nicht warum. Ich werde mir halt einzureden versuchen, daß der genauso schlecht ist wie ich ... und werde mich in Besprechungen zurückhalten, nichts mehr sagen, um meine Emotionen abzubauen. Es geht nicht darum, mich besser zu machen, sondern den E. auf seine echte Rolle zurückzubringen ..."

Analyse:
Die Zusammenarbeit zwischen den Herren D. und E. ist gestört. Herr D. lebt nach dem Konkurrenzkonzept. Seine Grundeinstellung gegenüber anderen „du bist ok – dann bin ich nicht ok", du bist erfolgreich, dann fühle ich mich schlecht.

Lösung:
Herr D. muß das Konkurrenzkonzept aufgeben, um einen Beitrag für wirkungsvolle Zusammenarbeit leisten zu können.
Solange er dabei bleibt, wird er sich weiterhin schlechte Gefühle machen, wenn ein Arbeitskollege gute Leistungen bringt. Er wird den Kontakt mit ihm auf ein Minimum reduziert halten und ihn auch in Zukunft als unsympathisch bezeichnen und ihm Abwertungen signalisieren.

„Ich bin ok – Du bist nicht ok".
Konkurrenzkonzept in der Zusammenarbeit:
Personen: Herr G., Mitarbeiter in einer EDV-Firma, kein Datenbankspezialist.
Seine Kollegen sind Datenbankspezialisten.

Situationsbeschreibung aus der Sicht des Herrn G.:
„Die Fachleute arbeiten nach einem bestimmten System. Ich habe direkt nichts mit der Datenbank zu tun, fand aber, kurz vor einem entscheidenden Termin, eine Lösung, obwohl dies nicht in mein Fachgebiet fällt. Obwohl sie Fachleute sind, war das Ergebnis ihrer Arbeit nicht optimal. Es sind nicht die richtigen Leute am richtigen Platz.
Ich habe mich kurz mit meinem Chef abgestimmt. Es war keine Zeit mehr, das mit allen Beteiligten zu diskutieren. Wenn man alle Leute informieren muß, ist das derartig nervenaufreibend, daß es letzten Endes besser ist, nichts zu sagen. Ich habe also der Gruppe ein fertiges Konzept auf den Tisch geknallt und habe gesagt: „Bis Ende des Monats ist es so zu machen!“
Dann war die Zusammenarbeit mit dieser Gruppe gestört. Wenn man als Laie einem Fachmann was sagt, wird der sauer. Es brach jede persönliche Beziehung zu diesen Leuten ab, es blieb eine auf das Fachliche beschränkte minimal-Kommunikation. Denn die kriegten „eins aufs Dach“, weil sie die Idee nicht selber gehabt haben, und ich habe „eins aufs Dach gekriegt“ wegen der Art, wie ich denen das untergejubelt habe. Ich hörte dann, warum mischt sich der G. dort ein? Das geht ihn doch überhaupt nichts an!“

Analyse:
Die Zusammenarbeit zwischen Herrn G. und seinen Kollegen ist schwer gestört. Herr G. versucht in Konkurrenz zu seinen Kollegen, auf sich aufmerksam zu machen. Er möchte Karriere machen auf Kosten seiner Kollegen. Er handelt nach der Grundeinstellung „ich bin ok – du bist nicht ok“.
Folgende Initiativen sind Abwertungen seiner Kollegen:
- Er hat eine gute Idee und wertet die Fachleute ab: „Es sind nicht die richtigen Leute ...“
- Er „knallt ihnen das fertige Konzept auf den Tisch“ und signalisiert ihnen damit, daß er ihre Ideen und ihre Arbeit mißachtet.

- Er befiehlt ihnen einen Termin zu befolgen, obwohl er nicht der Vorgesetzte dieser Kollegen ist.

Natürlich sind wir in einem handfesten Verfolger-Opfer-Spiel. Herr G. verfolgt seine Kollegen, diese erleben sich, zu Recht, als Opfer. Sie bestrafen Herrn G. durch Abbrechen der persönlichen Beziehung.

Lösung:
Zusammenarbeiten heißt, das Muster „ich bin gut – ihr seid unfähig" aufzugeben zugunsten „Ihr seid gut, und ich bin auch gut". Eine gute Idee zu finden, auch außerhalb des eigenen Bereiches, ist eine herrliche Sache, nur muß darauf geachtet werden, die Fachleute nicht zu verprellen. Dazu gehört auch die Bereitschaft, die „Lorbeeren" zu teilen.

Mögliche Vorgehensweise:
Herr G. hat eine Idee, er informiert seine Kollegen und holt sich von ihnen ihr Einverständnis, daraus ein Konzept zu entwickeln. Herr G. entwickelt das Konzept, möglichst bezieht er bereits Ideen seiner Kollegen mit ein. Er bringt das fertige Konzept persönlich zu seinen Kollegen und erörtert mit ihnen in einer ausführlichen Diskussion seine Ideen. Möglicherweise ändert er daraufhin das Konzept in einigen Punkten. Die neue Idee wird von der Gruppe mitgetragen. Die Zusammenarbeit trägt Erneuerungs- und Veränderungsprozesse. Die Gruppe kann sich aus sich selbst verändern und den sich wandelnden Einflüssen anpassen.

Profilierungswünsche gegen andere wirken sich teamfeindlich, Profilierungswünsche mit den anderen teamfreundlich aus.

8.
Probleme lösen

Hast du Probleme? Probleme habe ich nicht! Dahinter steht oft die Ansicht, Probleme haben sei etwas „Anrüchiges", wie ein schlechter Geruch, der dem Menschen anhaftet. „Der erfolgreiche Mensch hat keine Probleme", stellt er sich als Forderung und Lebensprinzip auf. Er verfolgt mit diesem EL-Gebot den Zweck, sich den anderen als möglichst „erfolgreich" darzustellen. Um dieser Forderung nachzukommen, verwendet er Tricks: Probleme abzuwerten, sie nicht zu beachten und quasi „unter den Teppich zu kehren". Oder er legt sich eine so dicke Haut über seine Empfindsamkeit, daß er gar nichts mehr spürt und daher auch keine Probleme mehr empfindet, subjektiv gesehen, keine mehr besitzt. Keine Probleme haben oder sie nicht spüren ist Kennzeichen von Festgefahrensein. Keine Probleme zu haben bedeutet, sie nicht wahrhaben zu wollen. Denn Probleme sind ungelöste Aufgaben, die uns, solange wir leben, begleiten, sie sind ein Kennzeichen von Leben und Veränderung, der neue Chef, die neuen Kollegen, die neue oder veränderte Aufgabe, der veränderte finanzielle Rahmen, die veränderte Fragestellung, die sich ändernden Faktoren des Marktes, der Produkte und Umwelt. Was gestern gut war und problemlösend wirkte, muß nicht automatisch heute auch zum Ziel führen. Es gibt keine Patentrezepte auf Dauer. Ein bewegliches Problemlösungsverhalten gibt die Voraussetzung für beruflichen Erfolg heute und in der Zukunft. Die Frage lautet also: Welche Probleme hast du? Was willst du zu ihrer Lösung unternehmen? Was hast du schon getan? Mit welchem Resultat?

Um Probleme zu unserer Zufriedenheit zu lösen, müssen wir uns von zwei Konzepten trennen, dem der Passivität und der Improvisation.

1. Wenn ich warte, bis etwas passiert, geschieht vielleicht etwas, vielleicht nichts. Es geschieht vielleicht das, was ich möchte, vielleicht auch nicht. Probleme lösen sich nicht von alleine. Daher bin ich verantwortlich für meinen Lebens- und Arbeitsbereich. Wenn ich darin eine Sache ändern möchte, muß ich es tun, sonst geschieht nichts.
2. Zufallstreffer gibt es im Lotto. Und auch im Arbeitsfeld finden wir Glückspilze, die scheinbar mühelos im ersten Anlauf Treffer plazieren. Im Lotto wie im Beruf ist die Chance jedoch gering. Wir vergrößern die Quote erfolgreicher Problemlösung durch Aufgabe des improvisierten, ungeplanten, spontanen Vorgehens. An seine Stelle tritt Planung, Überlegung, Systematik.

Die Phasen im Problemlösungsprozeß

Die Problembearbeitung beginnt mit dem Problembewußtsein und endet mit der Aktion, welche die Problemlösung bringt. Dazwischen liegen einige Schritte, denen je nach Fragestellung größere oder kleinere Bedeutung beigemessen wird.

1. Problem beschreiben:

Wie erlebst du das Problem?
Wie oft tritt es auf?
Welche Auswirkungen spürst du?
Welche Folgen hat es?
Wer ist daran beteiligt?
Welche Maßnahmen zur Problemlösung wurden bereits durchgeführt? Mit welchem Erfolg? Welche Hindernisse traten auf? Von welchen räumlichen, finanziellen, personellen Rahmenbedingungen willst du ausgehen?
Schreibe Stichworte auf!

2. Problem analysieren:
Welche Ursachen für das Problem kenn ich? Welche gibt es aus der Sicht anderer?
Schreibe alle denkbaren Ursachen stichworthaft auf.
Bis zu diesem Punkt hast du dir nun eine Über- und Durchsicht des Problems, quasi ein Röntgenbild hergestellt, die Diagnose des Problems.
Viele Menschen bleiben in dieser Phase der Problemanalyse, beschreiben wiederholt ihre Schwierigkeiten und lehnen es ab, etwas zur Lösung zu unternehmen. Das sind die „Jammerer" mit den unlösbaren Schwierigkeiten und den „schweren Schicksalen". Sie zementieren diesen Zustand, indem sie anderen die Verantwortung für ihre Probleme aufbürden.
Du hast dich für Aktivität, Initiative und Selbstverantwortung entschieden und gehst nach der systematischen Analyse zum nächsten Schritt.

3. Ziel definieren:
Was willst du erreicht haben am Ende der Problembearbeitung?
Wie beschreibst du den Endzustand, den du anstrebst? Bringe diese Endzustandsbeschreibung auf Papier!

4. Ansätze und Ideen zur Lösung:
Um dieses Ziel zu erreichen, gibt es verschiedene Möglichkeiten, „viele Wege führen nach Rom", es gibt kein „unlösbares" Problem an sich. Der Problemlösung stehen jedoch häufig Blockierungen im Wege: Einer hält an einer Lieblingsidee fest und ist nicht bereit, die anderen Möglichkeiten zu sehen oder auszuprobieren. Sein Weltbild gestattet ihm das nicht: „Weil nicht sein kann, was nicht sein darf."
Diese Einschränkung der Erkenntnis nennen wir eine Trübung. Die Ablehnung von Ideen aus grundsätzlichen, politischen, weltanschaulichen prinzipiellen Gründen ist eine EL,ER-Trübung. Die sachlichen Problemlösungsmöglichkeiten stehen nur teilweise zur Verfügung und werden durch das EL abgeblockt.

Es gibt auch Blockierungen, bei denen ER durch K getrübt wird, wenn z. B. die gute Idee aus Angst nicht gedacht oder eine bestimmte Idee aus spontaner Begeisterung bevorzugt verwirklicht wird.
Wenn du das Spektrum deiner Lösungsmöglichkeiten groß machen möchtest, achte beim Suchen und Aufschreiben der Ideen auf deinen „inneren Richter". Wenn du dich dabei beobachtest, wie du spontan, ohne sie zu hinterfragen, Ideen ablehnst, sei auf der Hut. Es gibt eine Menge Aussagen, die auf eine Trübung hinweisen:

- Das haben wir schon immer so gemacht,
- das haben wir noch nie so gemacht,
- das geht nicht,
- das kostet zu viel Geld,
- das ist verboten,
- das kommt nicht in Frage,
- das hat der Chef schon abgelehnt,
- das haben wir schon ohne Erfolg ausprobiert,
- das ist zweifelsfrei die beste Lösung, die anderen fallen weg,
- das müssen wir unbedingt so machen, anderes kommt nicht in Frage.

Schreibe also, ohne auf deinen „inneren Richter" zu achten, alle Ideen auf, die dir in den Sinn kommen und mit denen du dein Problem ganz oder teilweise lösen könntest. Lasse deine Phantasie spielen und folge deinem logischen Verstand. Du hast diese Phase abgeschlossen, wenn dir eine Auswahl von Lösungsmöglichkeiten zur Verfügung stehen.

5. Bewertung:
Nun gilt es, die erfolgversprechendste Vorgehensweise zu finden. Du hast dein Ziel schriftlich festgehalten. Du kennst die organisatorischen, finanziellen und sozialen Randbedingungen, in denen du deine Lösung entwickeln willst.
Trenne dich vom Kinderglauben, daß du die ideale Lösung findest. Es gibt, selbst in technischen Fragestellungen, im-

mer mehrere gangbare Wege, allerdings mit unterschiedlichem Aufwand an Zeit, Kosten, Arbeit, zu überwindenden Schwierigkeiten und unterschiedlichem Erfolg in qualitativer und quantitativer Hinsicht.

Nutzwertanalyse:

Ein brauchbares Mittel, um die Vielschichtigkeit im Bewertungsprozeß durchsichtig zu machen, ist die Nutzwertanalyse. Sie bewährt sich beim Vergleich weniger Alternativen untereinander:

z. B. Auswahl aus mehreren konkurrierenden Produkten beim Kauf eines Gerätes. Auswahl der Arbeitsstelle beim Stellungswechsel, Auswahl der „richtigen" Vorgehensweise.

Das Prinzip ist logisch und einfach. Im ersten Schritt stellen wir die Bewertungskriterien auf, die immer den Kosten- und Nutzenaspekt beinhalten:

z. B.

- Zeitaufwand für die Realisierung eines Projektes,
- Kostenaufwand für die Investition,
- Personalaufwand für die Durchführung,
- Schnelligkeit des Eintretens des Erfolges,
- Höhe der Wirksamkeit,
- zu erwartende Dauer.

Da nicht jedes Kriterium gleich schwer wiegt und nicht gleich bedeutsam ist, folgt logisch der zweite Schritt, die Gewichtung. Das „gewichtigste" Kriterium erhält die meisten Punkte, das mit geringerer Bedeutung entsprechend weniger. Damit hast du nun ein maßgeschneidertes Bewertungsinstrument zur Verfügung, an dem du einzeln deine Lösungsalternativen messen und sie miteinander vergleichen kannst. Die Nutzwertanalyse ist ein Mittel zur Versachlichung des Bewertungsvorganges. Die Qualität der Entscheidung wird vergrößert.

Beispiel:

Frau S. hat für ihr berufliches Weiterkommen drei Möglichkeiten. Sie bleibt an ihrem jetzigen Arbeitsplatz als Vorarbeiterin in Normalarbeitszeit. Sie wechselt in ihrer Firma und übernimmt ein umfangreicheres Aufgabengebiet. Dieser Arbeitsplatz ist jedoch mit Wechselschichtarbeit verbunden. Sie muß, bei gleichem Gehalt, mit ½ Jahr Einschulungszeit rechnen. Und dann hat sie noch das Angebot einer kleinen Firma, nahe ihrer Wohnung, als Vorarbeiterin, mit mehr Gehalt, aber einer anspruchsloseren Arbeit. Frau S. stellt sich eine Nutzwertanalyse auf.

Bewertungs-kriterien	Gewichtung (max. Punktezahl)	jetziger Arbeitsplatz	anderer Arbeitsplatz gleiche Firma	neue Firma
hohes Gehalt	35	25	25	35
berufliches Weiterkommen	40	30	40	10
Arbeitszeit	15	15	5	15
persönlicher Einsatz	8	5	8	2
Nähe zur Wohnung	2	–	–	2
Summe	100	75	78	64

Sie stellt die für sie selbst persönlich bedeutsamen Bewertungskriterien auf und gewichtet sie nach ihren Bedürfnissen. Da sie das berufliche Weiterkommen für sich selbst so stark betont, gibt dieses Kriterium auch den Ausschlag für die zweite Variante.

6. Die Entscheidung:
Ob du eine getroffene Entscheidung auch wirklich mitträgst, hängt davon ab, aus welchem Ich-Zustand heraus du „ja“ gesagt hast. Wenn du bei Kollegen und Mitarbeitern beobachtest, daß sie umkippen, ist das ein Signal dafür, daß ihr ursprüngliches „Ja“ nicht tragfähig war. Soll eine Entscheidung „halten“, muß sie von allen Ich-Zuständen mitgetragen werden.

EL Ja, die Entscheidung ist im Einklang mit meinen Normen, und es ist richtig, so zu handeln.

ER Ja, die Entscheidung ist sinnvoll und notwendig.

fK Ja, ich will diese Entscheidung, ich bin davon begeistert.

aK Ja, ich muß es tun, sonst gibt es Krach mit dem Vorgesetzten.

Viele Konflikte entstehen im Betrieb dadurch, daß Mitarbeiter gegenüber den hierarchisch Vorgesetzten aus dem aK heraus ja sagen zu Entscheidungen, obwohl sie im Grunde anderer Meinung sind. Das ist die Schar der angepaßten Kinder, der Ja-Sager, die um eines realen oder phantasierten Vorteils willen sich selbst verleugnen. Geht es denn so besser im Beruf, wenn du niemals aneckst? Wenn du den Oberen immer nach dem Munde redest? Wenn du den Kriegsschauplatz des Konfliktes in dich hineinnimmst, anstatt ihn dort auszutragen, wo er hingehört? Nein, mit Sicherheit nicht! Der kurzsichtige Vorteil ist, daß im Moment und kurzfristig zwischen dir und dem anderen kein Konflikt stattfindet. Der langfristige Nachteil, daß du dich krank machst und zurückentwickelst.

7. Du hast dich entschieden:
Du setzt den Entscheidungsinhalt in die Tat um. Du löst dein Problem oder einen Teil deines Problems. Du setzt dich aktiv und zielgerichtet mit der Umwelt auseinander. Du gehst gut mit dir um. Gelöste Probleme geben meistens Anstoß für Gefühle der Zufriedenheit. Du hast eine Leistung vollbracht, den Kopf für neue Dinge frei. Du hast deine Leistungsfähigkeit sinnvoll eingesetzt.

Problemlösungsgespräch

Führst du die Problemlösung nicht alleine aus, sondern ist sie mit anderen zu erarbeiten, kommt zur logischen die psychologische Arbeit hinzu.

Folgende fünf Schritte sind mit dem Gesprächspartner abzuklären.

1. Problembeschreibung aus deiner Sicht:
   Beschreibung des Tatbestandes,
   Beschreibung der Auswirkungen.
2. Problembeschreibung aus seiner Sicht:
   Stellungnahme des Gesprächspartners.
3. Konsens (Einverständnis) darüber, daß es ein Problem gibt,
   - daß es gelöst werden soll,
   - daß ihr es jetzt lösen werdet,
   - was ihr erreichen wollt.
4. Gemeinsame Suche nach alternativen Lösungsmöglichkeiten.
5. Konsens über Vorgehensweise.

Je nach Situation wirst du das Schwergewicht bei einem Schritt ansetzen und kannst andere eventuell vernachlässigen, weil ohnehin Einverständnis besteht.

Beispiel eines fehlerhaften Problemlösungsgespräches: Fehler in der Ablage

Personen: Abteilungsleiter, ihm hierarchisch unterstellt ein Sachbearbeiter, beiden hierarchisch unterstellt eine Mitarbeiterin für das Büro.

Situation: Die Mitarbeiterin hat einen Fehler bei der Ablage gemacht. Der Abteilungsleiter kritisiert sie. Der Sachbearbeiter führt ein Problemlösungsgespräch mit ihr.

Sachbearbeiter: „Auf Grund Ihrer Erfahrung müßten Sie eigentlich wissen, daß der Chef über unvollständige Ordner verärgert ist, deshalb hat er Sie zu Recht kritisiert."

Mitarbeiterin: Reagiert „sauer" mit Schweigen.

Analyse: Der Sachbearbeiter spricht aus seinem negativ kritischen EL-Ich, die Mitarbeiterin erwartet eine Problemlösung auf der ER-Ebene. Sie reagiert zu Recht ärgerlich.

Denn die Bemerkung des Sachbearbeiters war kein Problemlösungsgespräch, sondern ein Nörgeln und „Zeigefinger-Heben".

Richtiges Vorgehen:

Sachbearbeiter:

„Der Chef hat eine Bemerkung über die unvollständige Ablage im Ordner X. gemacht. Wo lag das Problem?" (Schritt 1)

Mitarbeiterin:

„Ich habe nicht gewußt, daß die Statistik auch zum Vorgang gehört." (Schritt 2)

Sachbearbeiter:

„Sind Sie einverstanden, wenn wir uns gemeinsam die Ablagesystematik anschauen?" (Schritt 4)

Mitarbeiterin:

„Ja gerne" (Schritt 5)

Beispiel eines fehlerhaften Problemlösungsgespräches: Überstunden

Personen: Vorgesetzter, Mitarbeiter

Situation: Die Arbeitszeit des Mitarbeiters dauert von 8–16.00 Uhr. Der Vorgesetzte kommt meist erst gegen 10.00 Uhr, bleibt dann aber länger als 18.00 Uhr im Büro. Er erwartet jedoch von seinem Mitarbeiter, daß er auch nach 18.00 Uhr zur Verfügung steht. Er ruft ihn auch häufig sehr spät zu einem Gespräch. Der Mitarbeiter empfindet diesen Zustand als Belastung und möchte ihn ändern.

Mitarbeiter: „Könnten Sie es nicht einrichten, Gespräche mit mir vor 16.00 Uhr zu führen, denn die ständigen Überstunden kann ich nicht mit meinem Familienleben vereinbaren."

Vorgesetzter: „Die Konsequenzen müssen Sie selbst tragen."

Analyse: Der Mitarbeiter gibt dem Vorgesetzten keine Chance, sich für das Problem mitverantwortlich zu fühlen. Er steigt gleich im 4. Schritt in das Gespräch ein mit einem Vorschlag, den der nicht motivierte Vorgesetzte sofort abblockt.

Richtiges Problemlösungsgespräch:

Mitarbeiter: „Die aus unserer unterschiedlichen Arbeitszeit entstehenden Überstunden wachsen sich allmählich zu einem privaten Problem aus." (Schritt 1)

Vorgesetzter: „Wieso?"

Mitarbeiter: „Durch die Berufstätigkeit meiner Frau bin ich gezwungen, mich auch um die Familie zu kümmern. Natürlich möchte ich auch, daß unsere gute Zusammenarbeit nicht gestört wird." (Schritt 1)

Vorgesetzter: „Was schlagen Sie vor?" (Schritt 4)

Mitarbeiter: „Mein Vorschlag ist, daß ich einmal pro Woche länger bleibe und die übrigen Tage pünktlich nach Hause gehe." (Schritt 4)

Vorgesetzter: „ok." (Schritt 5)

Beispiel eines richtigen Problemlösungsgespräches: Arbeitsüberlastung

Personen: Vorgesetzter, Sachbearbeiter

Situation: Erhöhter Arbeitsaufwand durch Neu- und Umorganisation.

Sachbearbeiter: „Ich möchte mit Ihnen über die Arbeitsaufteilung in unserer Abteilung sprechen. Es gibt da einige Probleme, die mich sehr belasten. Der Kollege und ich müssen die Arbeit machen, die früher vier Personen erledigten, und das bedingt, daß der Arbeitsanfall enorm gestiegen ist. Mein Problem ist, daß jetzt zusätzlich in Abständen von wenigen Wochen die Arbeit noch umverteilt wird, d.h., daß Arbeiten, die mein Kollege gemacht hat, auch noch auf mich verteilt werden.
Das bewirkt, daß ich die Arbeit nicht mehr termingemäß und ordnungsgemäß ausführen kann." (Schritt 1)

Vorgesetzter: „Ich sehe ein, daß das für Sie ein Problem ist." (Schritt 3) „Was für eine Lösung schlagen Sie vor?" (Schritt 4)

Mitarbeiter: „Zum ersten eine Vereinfachung der Arbeitsabläufe durch Herrn X. Und zum zweiten eine Übertragung spezieller Arbeiten an das Sekretariat." (Schritt 4)

Vorgesetzter: „Mit der ersten Idee bin ich einverstanden, über die zweite müssen wir uns noch unterhalten." (Schritt 5)

Mitarbeiter: „Einverstanden. Geht es morgen um 8.00 Uhr?" (Schritt 5)

Analyse: Ein Beispiel für ein gelungenes Problemlösungsgespräch.

Beispiel eines fehlerhaften Problemlösungsgespräches: Rauchen im Büro

Personen: Sachbearbeiterin B., 37 Jahre, seit acht Jahren im Betrieb. Sie ist starke Raucherin.

Sachbearbeiterin A., 22 Jahre, seit vier Monaten im Betrieb, Nicht-Raucherin.

A. und B. arbeiten in einem Büro, sie arbeiten gut zusammen.

Sachbearbeiterin A.: „Frau B., ich habe ein Problem, das Rauchen. Ich möchte gerne einmal mit Ihnen darüber sprechen. Ich empfinde Ihr starkes Rauchen als sehr störend.

Wäre es vielleicht möglich, daß Sie Ihren Zigarettenkonsum einschränken? Es wäre natürlich schön, wenn Sie es ganz lassen könnten. Ich bekomme durch das Rauchen starke Kopfschmerzen. Ich nehme schon Tabletten. Wenn das so weitergeht, wird meine Gesundheit sehr darunter leiden."

Sachbearbeiterin B.: „Ich bin seit Jahren Raucher, habe immer geraucht, auch immer die gleiche Anzahl. Wie wär's denn, wenn wir alle ½ Stunde das Fenster aufmachen würden?"

Sachbearbeiterin A.: „Nein, damit kann ich mich nicht einverstanden erklären."

Sachbearbeiterin B.: „Ich bin der Meinung, daß Sie Grünschnabel mir nicht das Rauchen verbieten können."

Sachbearbeiterin A.: „Wenn Sie mir so kommen, werde ich mich beim Chef beschweren. Ich wollte das Problem eigentlich im guten mit Ihnen lösen, aber so hat das ja keinen Zweck."

Analyse: Frau A. legt den Grundstein für das Abblocken von B. Sie kommt sofort mit dem Lösungsvorschlag. Das ist sehr ungeschickt, da B. nicht zu einem Problembewußtsein motiviert wird. B. reagiert folgerichtig mit Ablehnung. Das Problem weitet sich aus, B. wertet A. als „Grünschnabel" ab. Sie spricht aus dem negativ kritischen EL-Ich. Dieses Signal entspricht nicht der erwarteten Gesprächsebene, und A. fährt noch „größere Geschütze" auf: Sie bedroht B. aus ihrem negativ kritischen EL-Ich. Ein Konflikt wurde geboren.

Richtiges Vorgehen:

A.: „Ich möchte etwas mit Ihnen besprechen und möchte gerne wissen, was Sie dazu meinen. Es betrifft Ihr Rauchen. Der Rauch hier im Büro wirkt sich nicht gut auf meine Gesundheit aus. Ich bekomme starkes Kopfweh und habe auch schon Tabletten genommen. Ich gehe schon öfter mal aus dem Zimmer." (Schritt 1)

B.: „Ich habe gedacht, es stört Sie nicht, weil Sie ja vier Monate nichts gesagt haben. (Schritt 2) Wir müssen versuchen, eine Lösung zu finden. (Schritt 3) Ich bin natürlich bereit, das Rauchen zu reduzieren. Wäre es für Sie akzeptabel, wenn ich nur eine Zigarette pro Stunde rauchen würde?" (Schritt 4)

A.: „Ja, es wäre einen Versuch wert." (Schritt 4)

B.: „Sind Sie einverstanden, wir nehmen zwei Wochen als Testzeit, nur eine Zigarette pro Stunde, und dann sprechen wir uns wieder über dieses Thema, wie es gegangen ist und wie Ihr Kopfweh sich entwickelt hat." (Schritt 5)

A.: „Ja, ich bin einverstanden." (Schritt 5)

9.
Konflikt

Konflikt heißt Zusammenstoß; der Stoß in Richtung des anderen mit dem Ziel, ihn zu verletzen. Als eigene Schutzmaßnahme, um dem verletzenden Stoß des anderen zu entgehen, zieht sich der Konfliktpartner zurück, etwa in Schweigen. Wir sehen bei Konflikten im Arbeitsfeld Betrieb immer die gleiche Dynamik: Abwertungen und Verletzungen des Konfliktpartners mit Worten z. B. schlecht über ihn sprechen und mit Taten z. B. ihm wichtige Informationen vorenthalten. Eine Einschränkung des Kontaktes, das Vermeiden von Gesprächen und Aussprachen sind meist die Folge.

Konflikt im Betriebsbüro:
Personen: Sekretärin des Betriebsleiters, zwanzig Jahre jung, sehr schüchtern, sie arbeitet auch für zwei Meister, die ca. fünfzig Jahre alt sind.
Situationsbeschreibung aus der Sicht des Mädchens:
„Die beiden Meister sind sicher zehnmal pro Tag im Betriebsbüro. Sie reden gerne und meinen, es sei wichtig für mich zu wissen, warum dieses Ersatzteil für diese Maschine, warum welcher Teil und diese Schraube bestellt werden müssen. Das nervt mich halt, dann schalte ich ab, höre nicht zu und sage nichts. Die Meister fühlen sich dadurch „auf den Schlips getreten“, weil ich abwesend bin, irgendwohin starre und nur ja und amen sage.
Mein Chef hat mich rübergeholt und mir gesagt, daß sich die Meister beschwert haben über meinen Umgangston. Die Meister selbst haben mir nichts gesagt. Ein Meister rief

mich und fragte in unhöflichem Ton, ob ein Auftrag schon raus wäre. Natürlich habe ich ihm nicht sehr freundlich geantwortet. Diesen Anlaß hat er in einer Betriebsbesprechung vorgebracht. Es stand dann im Besprechungsprotokoll, daß mein Umgangston den Meistern nicht gefällt, und das mußte ich noch selbst tippen. Da war ich stinksauer, die hätten doch zuerst mit mir reden können! Dann habe ich dem schlimmsten der Meister, demjenigen, der den ganzen Tag wie ein Wasserfall redet, gesagt, daß ich mich bei ihm bedanke, daß er mich „in die Pfanne gehauen" hat. Er ist dann auf mich los: Wie ich das sagen könne, so eine Unverschämtheit! Ich sei eine freche Göre und arrogant. Ich habe nichts geantwortet, weil ich nicht zu Wort kam. Dann habe ich den anderen Meister gefragt, warum er das in der Besprechung vorgebracht hätte. Mit mir könnte man ja nicht reden, meinte der. Ich kam aus der Fassung. Ich wollte nicht vor ihm in Tränen ausbrechen, da habe ich mich halt umgedreht. ‚Wieder typisch, Ihr Benehmen. Sie können sich doch nicht einfach umdrehen!' Das hat er also auch wieder mißverstanden. Seitdem spreche ich mit diesen Meistern nicht mehr.
Ich möchte gerne wieder ein normales Verhältnis haben im Büro und ein besseres Arbeitsklima."

Analyse: Dieser Konfliktfall ist gekennzeichnet durch gegenseitige offene und versteckte massive Abwertungen des Konfliktpartners. Die Sekretärin wertet die Meister ab. Sie hört nicht zu, sie wendet sich ab, wenn ihr was erklärt wird, sie spricht kurz angebunden und unfreundlich.

Sie fühlt sich von den Meistern abgewertet: Sie behandeln sie wie einen Lehrling, sie kommen zigmal ins Büro, erzählen und stören bei der Arbeit. Sie kritisieren sie in der Betriebsbesprechung und beschimpfen sie laut.

Das Abbrechen der Gespräche folgt dann fast zwangsläufig. Das Betriebsklima hat sich durch den Konflikt verschlechtert.

Erfolgloses Konfliktlösungsgespräch:

Sekretärin: „Ich habe schon mal mit Ihnen gesprochen über unser schlechtes Arbeitsklima."

Meister: „Daran sind Sie ja wohl schuld."

Sekretärin: „Ich weiß nicht, ob das an mir alleine liegt."

Meister: „Ich habe mir nichts vorzuwerfen."

Sekretärin: „Ich auch nicht. Sie haben sich in der Betriebsbesprechung beschwert, daß ich einen schlechten Umgangston habe."

Meister: „Haben Sie ja auch."

Analyse: Der Konflikt wird im Gespräch weitergeführt. Der Meister spricht den Vorwurf offen aus, die Sekretärin verdeckt. Sie setzen den gegenseitigen Schlagabtausch der Abwertungen fort. Daher führt dieses Gespräch nicht zur erhofften Verbesserung des Betriebsklimas. Die Schwierigkeit in der Gesprächsführung liegt darin, das Verfolgerspiel gegenüber dem Konfliktpartner nicht weiterzuführen, auch wenn er von sich aus weitere Abwertungen signalisiert.

Erfolgreiches Konfliktlösungsgespräch:

Sekretärin: „Ich möchte mich gerne mal mit Ihnen unterhalten. Mir tut es leid, daß sich das Betriebsklima in den letzten Wochen so verschlechtert hat, und ich möchte, daß es sich verbessert."

Meister: „Ja, glauben Sie nicht, daß Sie sich das selber eingebrockt haben?"

Sekretärin: „Ja, ich glaube schon, daß ich sehr viel Schuld habe."

Meister: „Sehen Sie, das stört mich sehr, wenn ich reinkomme, spreche Sie an, und Sie drehen sich weg."

Sekretärin: „Ja, das verstehe ich."

Meister: „Ist halt nicht schön."

Sekretärin: „Kann ich verstehen. Ich bin sehr interessiert, das zu ändern, und schlage vor, den Tagesablauf so zu organisieren, daß ich mehr Zeit für Sie habe, wenn Sie etwas mit mir besprechen wollen."

Meister: „Wie?"
Sekretärin: „Vielleicht könnten wir die Regelung treffen, daß Sie Aufträge an mich sammeln und zweimal am Tag zu einer bestimmten Zeit diese mit mir besprechen!"
Meister: „Das können wir machen."

Schritte der Konfliktlösung:

1. Aus dem Verfolgerspiel aussteigen,
2. den eigenen Anteil am Konflikt zugeben, das wichtigste Signal an den anderen, daß er in seinem Bezugsrahmen bestätigt wird.
3. Problemlösungsgespräch führen.

10.

Streß und seine Überwindung

Streß ist Druck und Belastung. Streß zu empfinden, gehört zum Leben. Belastungen spüren ist wichtig, denn es spornt zu Anstrengungen an, mit denen die Belastungen überwunden werden können. Streß ist auch ein Zustand erhöhter Spannung. Diese Spannung zu erkennen und durch geeignete Aktivitäten eine Entspannung herbeizuführen, ist der gesunde Kreislauf, mit dem wir Lebewesen unseren Organismus regulieren. Streß ist gesund.

Ein Beispiel:
Eine Maschine steht still. Die Aufgabe des Maschinenführers ist es, die Fehler so schnell wie möglich zu finden. Er steht unter Streß. Dieser Streß signalisiert ihm, sein Denken und Handeln jetzt konzentriert zu bündeln, um rasch die Lösung zu finden. Er stellt sich unter Spannung und strengt sich an, er belastet sich.
Er findet den Fehler. Es war eine verzwickte Sache! Er freut sich. Er hat etwas Neues über diese Maschine gelernt. Er entspannt sich.

Dieser natürliche Prozeß ist manchmal unterbrochen, so daß es zu keiner Entspannung kommt. Der Spannungszustand bleibt über einen längeren Zeitraum konstant. Wir beobachten dann einen Energiestau in Ärger, Angst oder Trauer. Menschen setzen sich unter verstärkten Streß, wenn sie sich in ihren negativen Gefühlen unter Spannung halten. Du kannst bei dir und anderen verschiedene „Techniken“ beobachten, mit denen der Streß- und Belastungszu-

stand an einer Entladung und Entspannung gehindert wird.
Streß macht dich krank,

- wenn du den Druck nicht ernst nimmst:
  „Das macht mir nichts aus“,
- wenn du ihn nicht wahrnimmst:
  „Ich habe kein Privatleben mehr. Mein Leben ist Arbeit“,
- wenn du ihn nicht so siehst, wie er sich real zeigt:
  „Ich habe keine Angst vor Kündigung oder Versetzung.“

„Techniken“, die Menschen benützen, um sich künstlich unter Dauerstreß zu halten, sind alle aus der Zauberkiste der Wahrnehmungsverzerrung.

Übergenauigkeit, die benützt wird, auch dort sehr detailliert zu arbeiten, wo es nicht sinnvoll und nützlich ist:
„Ich muß alles genau prüfen,...“
„Ich muß daher viel mehr arbeiten als andere.“
„Ich muß alle Computer-Ausdrucke kontrollieren.“

Verallgemeinerungen, die benützt werden, um andere abzuwerten:
„Die Produktion denkt doch nur an sich.“
„Ich muß es selber machen, sonst geht alles schief.“
„Der Vertrieb ist doch nur am Umsatz interessiert.“

Phantasien, die zum Aufrechterhalten des negativen Gefühles einladen:
„Der Vorgesetzte will mich absägen.“
„Der Betriebsleiter will uns ausbeuten.“
„Die Mitarbeiter wollen uns übel.“
„Der Kunde will mich fertig machen.“

Streß macht dich krank, wenn du zielgerichtete Aktivität vermeidest, mit deren Hilfe du zu einer Druck-Entladung kommen könntest. Es gibt wiederum einige „Techniken“, die Menschen benützen, um die Entlastung eines durchaus erkannten Druckes zu verhindern.

Nichts tun: Viele Mitarbeiter jammern und schimpfen über Vorgesetzte, Kollegen und Arbeitsbedingungen, ohne etwas zu tun und finden viele Ausreden, warum ihnen selbst die Hände gebunden sind.

Überanpassung: Sie machen Ihre Arbeit so, wie Sie glauben, daß die da oben es möchten und arbeiten nicht so, wie es die Sache verlangt.

Agitation: Sie wiederholen Aktivitäten, die nicht zum Ziel führen, machen sinnlose Arbeit, tun „scheinbar" geschäftig, ohne daß Wesentliches geschieht. Sie sind häufig beeinflußt durch Antreiber „beeil' dich" (gründlich arbeiten verboten!) und „sei perfekt" (werde nie fertig!).

Sich k. o. machen: „Sie machen sich unfähig oder arbeitsunfähig, durch Alkohol, Drogen oder Krankheit.

Streß macht dich krank, wenn du dir die Freude der Entspannung mißgönnst. Die hierzu am häufigsten verwendeten „Techniken" sind innere Antreiber:
- Sei nicht mit dem Erreichten zufrieden!
- Freue dich nicht, es wird schon noch ärger kommen.

Raus aus dem ungesunden Streß!
- Raus aus dem Dauerspannungszustand von Ärger, Angst oder Trauer.
- Wandle ihn durch zielgerichtetes Handeln um in Entspannung und Aufmerksamkeit.

Sonst hat es ernste Folgen für dich. Denn die Reaktion auf zu viel Streß ist Depression. Und das Endergebnis von Dauerstreß und Depression ist ein Gefühl von Erschöpftsein und Ausgebranntsein.
Es ist ein Energieproblem, wie lange Menschen Streß aushalten, bis sie in Depression und Ausgebranntsein verfallen. Es gibt davon verschiedene Formen:
Körperliches Erschöpftsein zeigt sich in Schmerzen oder Schlafschwierigkeiten, es wirkt sich in Medikamenten-

oder Alkoholkonsum aus. Geistiges Erschöpftsein wirkt sich in Konzentrationsschwäche, Gedächtnisschwund, wenig Wirkung beim Denken, geringer Kreativität und wenig Energie, etwas fertig zu machen, aus. Das Erschöpftsein in sozialen Beziehungen sieht man in Unfähigkeit, Kontakte zu schließen und im Zurückziehen. Das Gefühlsleben kann auf die Dauer durch Depression und Ausgebranntsein beeinträchtigt werden. Zu flache Gefühlsreaktionen oder Überreaktionen z. B. rasches Explodieren, das nicht mehr Reaktion auf den Reiz ist, werden produziert.

Das führt uns zu der Frage, warum Menschen den gesunden und natürlichen Kreislauf von Spannung und Entspannung überhaupt unterbrechen. Sie glauben, sie würden etwas gewinnen bzw. einen Verlust vermeiden. Sie bilden sich ein, sie könnten damit sowohl wirkliche als auch phantasierte Gefahren unwirksam machen. Wovor fürchten sie sich? Sie haben Angst vor Verlust von Menschen, Sachen und Lebensumständen. Sie befürchten den Verlust von Bedeutung (ich bin der Abteilungsleiter) und Ziel (ich möchte Oberabteilungsleiter werden). Sie haben Angst vor Isolation (niemand fragt mich) und Langeweile (ich werde nicht gebraucht, bin überflüssig).

Beispiel:

Der Vorarbeiter stellt einen schwerwiegenden Fehler im Monatsbericht des Meisters fest. Er reagiert sehr ärgerlich, weil dieser Bericht auf ihn ein schlechtes Licht wirft, kurz, der Meister hat sich auf seine Kosten „reingewaschen".

Die Entspannung dieses Streß-Zustandes könnte nur durch ein klärendes Gespräch erfolgen. Diesen Weg wählt der Vorarbeiter nicht aus Angst davor, beim Meister schlecht angeschrieben zu werden. Die weiteren Folgen, er denkt sie sich aus, wären vielleicht Benachteiligungen, Übergehen bei Beförderungen oder Gehaltserhöhungen. Daher sagt er nichts, bleibt im Streß und blockiert damit eine Druckentlastung. Er erhält sich sein negatives Gefühl Ärger.

Es gibt kein Rezept, um negativen Streß in positiven zu

wandeln. Der Weg geht über zielgerichtetes Handeln. Häufig heißt es auf diesem Weg Abschied zu nehmen von Sicherheit und Altbekanntem. Manchmal muß Risiko getragen werden. Häufig ist Verlust damit verbunden.
Der Gewinn ist Lebensfreude, Aktivität, Kreativität, psychische und körperliche Gesundheit.

11.

Mitwirkungsmöglichkeiten im Managementprozeß

Jeder Betrieb ist eine gewachsene Arbeitsgemeinschaft – er hat seine Tradition: Die Organisation gab sich im Laufe der Jahre ihre Gesetze und Regeln, nach denen sie funktioniert. Diese Regeln sind nur zum Teil schriftlich fixiert. Meist sind es „ungeschriebene Gesetze", die von Mitarbeitergeneration zu Mitarbeitergeneration weitergegeben werden. Ein Neuer hat es deshalb oft schwer, weil er diese Regeln noch nicht kennt und sich daher nicht immer „richtig" verhält. Oder er will sie nicht akzeptieren. Dann wird er über kurz oder lang „kaltgestellt" und ausgeschieden.
Jene Mitarbeiter, die diese Regeln akzeptieren und sich ihnen anpassen oder unterordnen, haben gute Chancen, langfristig in der Firma zu verbleiben. Dieser Ausleseprozeß hat zur Folge, daß sich die Regeln verfestigen und gleichsam ein Firmen-EL bilden. Wie beim Individuum sind im Firmen-EL kEL und fEL Komponenten enthalten.

Der Betrieb, in dem ich arbeite

Wenn du mehr über das EL deines Betriebes erfahren willst, stelle deinen Kollegen die Frage: „Welche Verhaltensregeln würden Sie einem jungen, neuen Mitarbeiter geben, damit er nicht überall aneckt?"
Folgende Antworten wirst du hören:
- „Der Neue darf sich nicht interessieren für Dinge, die ihn nichts angehen."
- „Er darf nicht selbständig handeln."

- „Er muß bei allen Problemen fragen."
- „Er muß sich dem Druck von oben fügen."
- „Er muß immer Ratschläge von den erfahrenen Meistern einholen."
- „Ich würde ihm sagen: Widersprich dem und dem nicht, die haben es nicht gern."
- „Immer gehorchen, wenn der Chef etwas ‚anschafft', der wird es schon wissen."

Du erkennst, daß in diesem Betrieb sehr viel Botschaften aus dem kEL kommen. Sie verlangen Anpassung und Unterordnung vom Mitarbeiter.

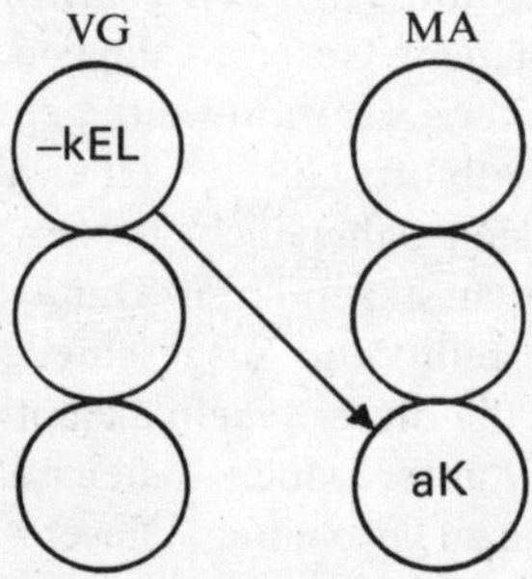

Dieses Betriebsklima fördert geradezu einen Führungsstil, der meist als „autoritär" bezeichnet wird. Autoritäre Führung kann durchaus vom Betrieb gefordert werden. Verantwortlich für das Führungsklima einer Gruppe sind jedoch der Vorgesetzte mit seinen Mitarbeitern. Was kennzeichnet nun den autoritären Führungsstil?
- Der Vorgesetzte stellt die Regeln für die gemeinsame Arbeit auf.
- Er denkt für seine Mitarbeiter. Er plant für sie, entscheidet für sie, löst die Probleme der Mitarbeiter.
- Er delegiert* nicht oder nur unzureichend.

* Delegation heißt: Übertragung eines selbständigen, eigenverantwortlichen Bereichs an den Mitarbeiter.

Die Signale des Vorgesetzten kommen im wesentlichen aus dem kEL und ER und richten sich an das aK des Mitarbeiters:

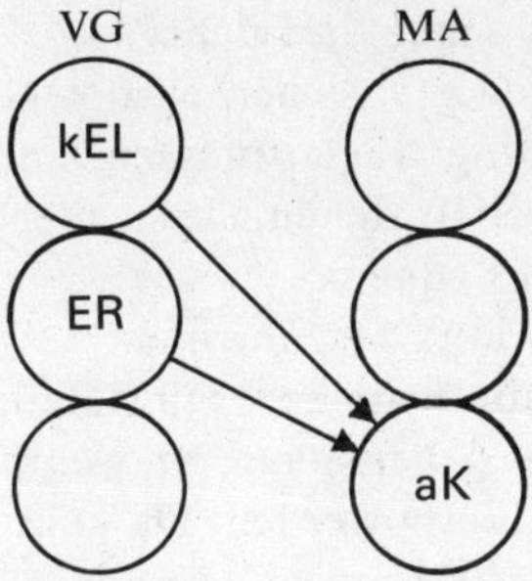

Die sogenannte „patriarchalische Führung" ist eine Spielart der autoritären. Der patriarchalische Vorgesetzte hat jedoch eine stärkere Komponente fEL, meist in positiver Ausprägung.

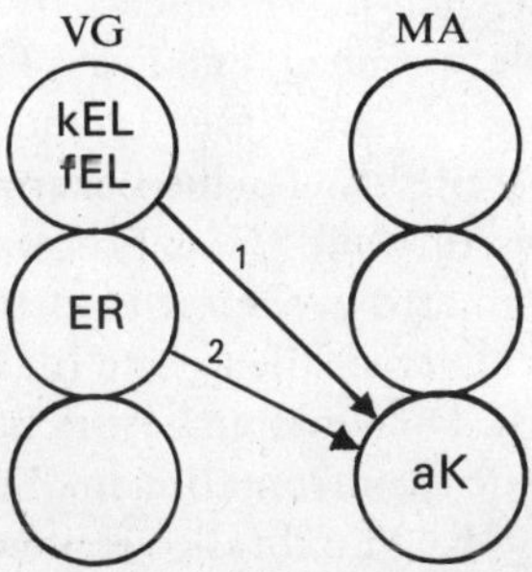

1. Ich bestimme die Regeln für unsere Arbeit (zu deinem Besten).
   Ich sorge für dich.
2. Ich denke für dich.

Was „gewinnt" die autoritäre Führungskraft?

Sie versorgt sich mit Macht und Omnipotenzgefühlen. Sie findet den Beweis: „Ich bin besser als du", eine Spielart des „ich bin o.k. – du bist nicht o.k."
Viele Mitarbeiter sind mit autoritären Vorgesetzten sehr zufrieden. Was „gewinnen" sie dabei?
Für sie ist eine gewisse Sicherheit der Nutzeffekt. Da sie keine Verantwortung tragen müssen, kann man sie auch nicht zur Rechenschaft ziehen. Da sie nicht denken müssen, haben sie es recht bequem.
Mit diesem „Gewinn" bist du nicht zufrieden. Du willst Verantwortung übernehmen, selbständig arbeiten? Du siehst an deinem Arbeitsplatz zu wenig Möglichkeiten? Dann mußt du initiativ werden. Du kannst vieles tun!
Erstelle dir eine Liste von veränderungswürdigen Punkten. Schreibe alle jene Ideen auf, mit denen du deine Arbeit verbessern und umgestalten möchtest.

Als zweiten Schritt gehe Idee für Idee durch, indem du dir folgende Fragen beantwortest:
Welches Problem habe ich? Was möchte ich erreichen? Was sind die Ursachen des Problems? Was wurde in der Vergangenheit unternommen, um dieses Problem zu lösen? Welche Ideen habe ich, um dieses Problem zu lösen? Welche Vor- und Nachteile bringen die Lösungsmöglichkeiten? Was kosten sie an Aufwand? Was bringen sie an Nutzen? Wähle dann die am erfolgversprechendsten Ideen aus.
Als nächsten Schritt verwirkliche jene Ideen, die du alleine entscheiden kannst. Die anderen besprich mit deinem Vorgesetzten. Vermeide Konfrontationen. Suche die verbindende Synthese. So hast du dir die größte Chance gegeben, deine Vorstellungen, in vielleicht veränderter Form, zu verwirklichen.
Auch autoritäre Vorgesetzte sind keine „hoffnungslosen Fälle": Oft ist der Grund für autoritäres Verhalten die ehrliche Meinung der Führungskraft: „Meine Mitarbeiter können das ja nicht." Viele Vorgesetzte reagieren positiv auf die Selbständigkeitsinitiativen ihrer Mitarbeiter.

Du willst kooperativ geführt werden. Kooperative Führung bedeutet:

- Vorgesetzter und Mitarbeiter legen gemeinsam die Regel für ihre Arbeit fest.
- Mitarbeiter haben einen eigenverantwortlichen Bereich, innerhalb dessen Grenze sie selbständig handeln können und müssen.
- Für alles das, was der Mitarbeiter tut oder zu tun unterläßt, trägt er die Verantwortung (Handlungsverantwortung).
- Der Vorgesetzte versorgt die Mitarbeiter mit allen Informationen, die für deren Arbeit nötig sind, er kontrolliert sie, er bespricht sich regelmäßig mit ihnen. Er anerkennt Leistung und Person der Mitarbeiter. Dafür trägt die Führungskraft die Verantwortung (Führungsverantwortung).
- Vorgesetzter und Mitarbeiter haben auch private Kontakte und respektieren sich als Mensch (soziale Anerkennung).

Vielleicht hast du aber einen Vorgesetzten, der „keine Zeit für dich" hat. Er praktiziert den Führungs-un-stil des „laissez-faire", er kümmert sich nicht um seine Mitarbeiter, meist nicht aus bösem Willen. Wahrscheinlich hat er wirklich keine Zeit, weil er zu wenig delegiert, d.h. sich um Dinge kümmert, die andere erledigen könnten. Wenn du keinen mündlichen Termin erhältst, versuche es schriftlich. Kurz und präzise formulierte Memos, Aktennotizen oder Vorschläge mit dem Zusatz: „Ich erbitte Ihre Zustimmung, Entscheidung bis zum ..." verfehlen selten ihre Wirkung. Nütze deinen Handlungsspielraum voll aus.

Sicher kennst du auch Elemente der bürokratischen Führung. Wer hat sich noch nicht geärgert über Vorschriften, die unbedingt eingehalten werden müssen, über Formulare, die ausgefüllt werden sollen, über den sogenannten Dienstweg.

Besonders Großbetriebe sind anfällig für Bürokratie. Überlege dir immer: Hilft mir oder dem Unternehmen eine Vorschrift oder ein Formular? Oder werde ich durch sie behindert? Sei „revolutionär", stelle Dinge in Frage, auch wenn sie scheinbar tabu sind. In einem großen Handelsunternehmen mußten alle Abteilungsleiter in allen Filialen jeden Freitag ein Formular ausfüllen. Dieses „gelbe Formular" hatte zehn Seiten und seine Bearbeitung war mit viel Rechnerei verbunden und dauerte eine gute Stunde.

Jemand stellte die naive Frage: „Wozu braucht man das Formular?" „Wir brauchen es nicht", antworteten die Abteilungsleiter, „aber die Zentrale braucht es, wozu wissen wir nicht."

Die gleiche Frage in der Zentrale gestellt:

„Ja", sagte die zuständige Dame, „wir mikroverfilmen die Formulare, anschließend werden die Filme atombombensicher gelagert." „Und wozu brauchen Sie das Formular hier in der Zentrale?" „Wir haben sonst nichts damit zu tun, die Formulare brauchen die Filialen."

Es stellte sich heraus, daß das gelbe Formular aus der Vor-EDV-Zeit stammte und seit Jahren sinn- und zwecklos bearbeitet wurde. In jeder Filiale hatten zwanzig Abteilungsleiter eine Stunde Arbeit pro Woche. Fünfzig Filialen hatte das Werk.

Wenn du an den Nutzen einer bürokratischen Maßnahme denkst, behalte den Firmennutzen im Auge. Sie kann möglicherweise dir viel „unnütze" Arbeit machen, dem Betrieb jedoch nützen.

Wir wollen nun an Hand des Managementkreises deine Mitwirkungsmöglichkeiten im Managementprozeß betrachten.

Der Managementkreis stellt Funktionen in ihrer Wechselwirkung dar, die jeder Arbeitsprozeß durchläuft:

Zielsetzung

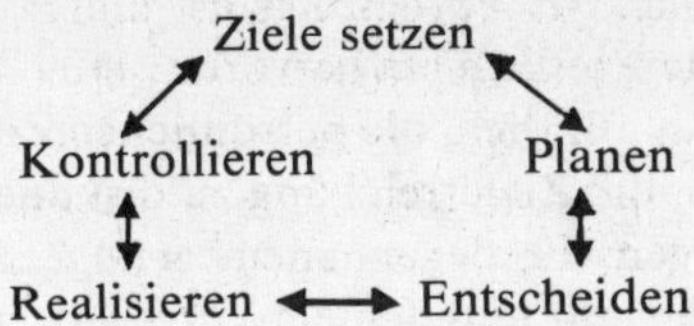

In autoritär geführten Systemen ist deine Mitwirkungsmöglichkeit gering:

- Deine Ziele werden dir vorgegeben,
- Veränderungen, die den eigenen Arbeitsplatz betreffen, werden „irgendwo da oben“ geplant. Dir werden diese Inhalte mitgeteilt oder zu dir dringen nur Gerüchte,
- Entscheidungen, die dich betreffen, werden ohne dich getroffen,
- an der Realisation der Ziele bist du natürlich beteiligt, jedoch sind deine Freiräume gering, kurzfristige Anweisungen ersetzen die Delegation,
- Fremdkontrolle überwiegt die Selbstkontrolle.

In kooperativ geführten Betrieben hast du dagegen entscheidende Mitsprachemöglichkeiten.

Wie setzt man in unserem Betrieb Ziele, was trage ich zur Zielsetzung bei?

- Was willst du in deinem Betrieb erreichen, welche Karriere strebst du an?
- Worauf möchtest du zurückblicken können, wenn ein Jahr, wenn zehn Jahre verstrichen sind?

Viele meinen, daß persönliche Ziele nichts mit den betrieblichen zu tun haben. Jedoch ist jeder Versuch, die persönlichen Ziele von der Berufsarbeit auszuklammern, Selbsttäuschung. Das betriebliche Zielsetzungssystem muß die persönlichen Ziele der Mitarbeiter in irgendeiner Form berücksichtigen, sonst werden auch die betrieblichen Ziele nicht erreicht. Viele Unternehmen kennen eine periodische

Mitarbeiterbeurteilung. Leider degeneriert sie oft zu einer lästigen Pflichtübung oder wird zu einem Teil des Gehaltsfindungssystems. Als Förderungsinstrument ist die Mitarbeiterbeurteilung jedoch ein hervorragendes Mittel und der geeignete Anlaß für dich, die persönlichen Ziele periodisch zu überprüfen, die Zielerreichung zu diskutieren und neue Ziele festzulegen. Festlegen allein genügt aber nicht. Es müssen zwischen dir und deinem Vorgesetzten auch Förderungsmaßnahmen erarbeitet werden, die sicherstellen, daß du deine Ziele in der vereinbarten Zeit erreichst.
Solche Maßnahmen könnten unter anderem sein:
- Veränderte oder erweiterte Information,
- Teilnahme an Besprechungen,
- Fachschulung,
- Verhaltenstraining,
- gezielte Jobrotation in der Abteilung,
- Abonnement von Fachzeitschriften,
- Besuch von Messen,
- Besuch von befreundeten Unternehmen aus deiner Branche,
- organisatorische Veränderungen deiner Arbeit und
- Investitionen in deinem Arbeitsbereich.

Beim Beurteilungsgespräch werden auch die betrieblichen Leistungsziele diskutiert. Sie müssen ja im Einklang mit dem persönlichen Ziel stehen. Denn auch die persönliche Zielsetzung wird unrealistisch, wenn du die betrieblichen Leistungsziele dabei aus den Augen verlierst:
Haben wir die gesetzten Ziele erreicht, überschritten oder nicht erreicht? Die wichtigste Frage, die du und dein Vorgesetzter sich bei Abweichungen stellen, ist das WARUM?
Eine Abweichungsanalyse ergibt die Ursache. Diese Fakten werden nun bei der Erarbeitung der neuen Zielsetzung berücksichtigt, die möglichst klar beschreiben soll, was ihr bis wann erreichen wollt, und zwar unterschieden in kurzfristig (etwa in einem Jahr), mittelfristig (etwa in drei Jahren), langfristig (etwa in fünf bis zehn Jahren).
Auch sollte klar besprochen sein, welche Maßnahmen ihr

treffen werdet, um die Zielerreichung sicherzustellen, und wer was bis wann macht.

Gespräche, in denen du und dein Vorgesetzter die Leistungsziele festlegt, sollen periodisch durchgeführt werden. Jedoch ist damit selbstverständlich nicht der ganze Spielraum aller deiner Aktivitäten erfaßt. Du wirst auf entsprechende Notwendigkeit hin, selbst wenn nicht besprochen, initiativ werden. Auch wird dir „von oben" ein Auftrag oder eine Zielsetzung vorgesetzt werden, die du erledigen mußt, weil es anderen als notwendig erscheint. Du hast jedoch das Recht und die Pflicht, die Hintergründe solcher angeordneten Aktivitäten zu erfragen.

Deine Arbeitsziele leiten sich ja auch immer von den Unternehmenszielen ab, ja, man spricht von einer sogenannten Zielhierarchie.

Unternehmensziele
Formuliert von der Geschäftsleitung

↓ daraus abgeleitet

Bereichsziele

↓ daraus abgeleitet

Abteilungsziele

↓ daraus abgeleitet

Gruppenziele

↓ daraus abgeleitet

Leistungsziele der Mitarbeiter

In Einzel- oder Gruppengesprächen werden diese Ziele nun diskutiert,

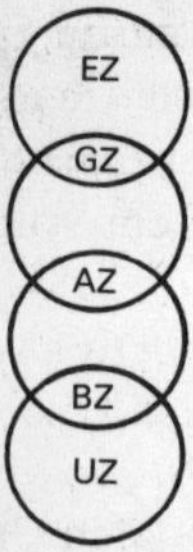

die Einzel- und Gruppenziele zwischen Mitarbeitern und Gruppenleitung,
die Gruppen- und Abteilungsziele zwischen
Gruppen- und Abteilungsleitung,
die Abteilungs- und Bereichsziele zwischen
Abteilungs- und Bereichsleitung,
die Bereichs- und Unternehmensziele zwischen
Bereichs- und Unternehmensleitung.

Eventuelle Veränderungen der Zielsetzung nach oben und unten werden bei der Zielfestlegung berücksichtigt. Die Ziele werden realistischer und mit motivierten Mitarbeitern leichter erreichbar. Die „autoritäre" Zielsetzung von oben nach unten wird durch einen „kooperativen" Prozeß von unten nach oben ergänzt.

UZ	UZ
↓	↑
BZ	BZ
↓	↑
AZ	AZ
↓	↑
GZ	GZ
↓	↑
EZ	EZ

In der betrieblichen Zielsetzung müssen alle deine Ich-Zustände beteiligt sein, wenn du motiviert an der Zielerreichung arbeiten willst.

Ich kann die vereinbarten Maßnahmen mit gutem Gewissen unterstützen.

Ich sehe die Notwendigkeit der Zielsetzung ein. Ich kann das Zielsystem akzeptieren. Ich habe die Ziele gemeinsam mit meinen Vorgesetzten erarbeitet oder diskutiert. Sie sind realistisch und erreichbar.

Ich identifiziere mich mit den Zielen. Die Zielerreichung wird mir Spaß machen. Ich freue mich auf Strokes.

Wie oft, so erscheint auch hier der K-Anteil besonders wichtig. Die Identifikation mit den Zielen kann im Betrieb nur über den Weg kooperativer Zielsetzung erreicht werden. Ist dieses Vorgehen bei euch unbekannt,
- ergreife die Initiative,
- bitte deinen Vorgesetzten um ein Beurteilungsgespräch,
- formuliere deine Ziele und diskutiere sie mit ihm,
- frage deinen Vorgesetzten nach den Unternehmens-, Bereichs-, Abteilungs- und Gruppenzielen.

Laß' nicht locker, denn es geht um etwas Wichtiges. Um deine Motivation!

Planungs- und Entscheidungsprozeß

Die Planung geht von Zielen aus. Wenn du nicht genau weißt, wohin du willst, kannst du keine Wege suchen, wie du dorthin kommst. In vielen Betrieben wird daher nicht geplant, sondern improvisiert. Und darauf ist man oft stolz: „Planung engt ein, wir suchen den wendigen Manager, der zum richtigen Zeitpunkt genau das Richtige tut, der blitzschnell Entscheidungen treffen kann, wir suchen einen Meister der Improvisation.“ Natürlich geht es nirgendwo ohne Improvisation, auch der Eisenbahn-Fahrplan kann nicht verhindern, daß das Zugspersonal gelegentlich improvisieren muß.

Wie steht es mit der Planung in deinem Betrieb? Wenn du glaubst, es wird zu viel improvisiert, fange doch in deinem Bereich mit einer systematischen Planung an. Erstelle Arbeitspläne, Tages-, Wochen- und Monatspläne.

Wird in deinem Betrieb kooperativ geplant? Das bedeutet: Planst du, oder bist du an der Planungsarbeit beteiligt, die deinen Bereich betrifft? Nicht immer? Dann wehre dich. Sprich mit deinen Vorgesetzten, mache Vorschläge, auch wenn du nicht darum gebeten wirst. Denn niemand kennt deinen Arbeitsbereich so gut, wie du selbst. Daher kannst auch du am besten planen.

Planen heißt vorausdenkend Alternativen erwägen, die zum Ziele führen sollen. Die Planung ist deshalb eine Aufgabe, die in der Hauptsache unser ER bewältigen muß. Oft aber sind andere Ich-Zustände die Hauptbeteiligten:

EL-Pläne: Hier stehen nicht Sachargumente im Vordergrund, sondern im EL gespeicherte Normen und Erfahrungswerte:

- Das ist bei uns eine sinnvolle Regel.
- Pünktlichkeit ist erforderlich, um Zusammenarbeit reibungslos zu ermöglichen.

Planungsalternativen, die nicht in diese „Denkrille" passen, werden nicht erwogen.

K-Pläne: Nicht logisches Denken, sondern Gefühle steuern den Planungsprozeß, z. B. Begeisterung, Euphorie oder Angst beeinflussen die Planung.

Liegen Planungsalternativen vor, muß die Entscheidung für den optimalen Weg getroffen werden. Entscheidungen, die deinen Bereich betreffen, fällst du oder bist an der Entscheidungsfindung beteiligt. Denn du hast ja geplant. Und du kennst deinen Bereich am besten. Hauptbeteiligter ist wieder dein ER. Denn deine Entscheidung soll ja logisch und sachlich sein. Doch fällt uns eine sachliche Entscheidung oft schwer. Allzuleicht trüben das EL oder das K die Realität.

EL-ER-Trübung:

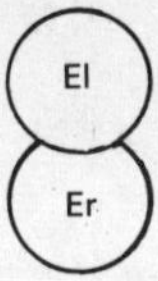

Wir kaufen wieder den Maschinentyp X, der hat sich bewährt.
(Diese Aussage wird nicht in Frage gestellt.)
Das muß so sein.
Das haben wir immer so gemacht.

K-ER-Trübung:

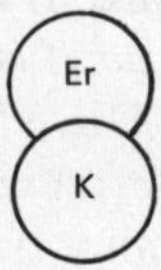

(Alle Sachargumente werden vergessen, das K diktiert.)

Ich will das rote Auto.

Ist eine Entscheidung gefallen, geht es nun darum, das Beschlossene in die Tat umzusetzen.
Entscheidungen werden getroffen auf Grund sachlicher, emotionaler oder getrübter Planungsüberlegungen.

Delegation

Delegation nennt man die Übertragung eines Arbeitsbereiches, den der Mitarbeiter selbständig ausführt. Er ist dafür verantwortlich, was er in seinem Bereich tut oder zu tun unterläßt. Im autoritär geführten Betrieb ist echte Delegation selten. Zu viele Signale gelangen an das ak des Mitarbeiters.

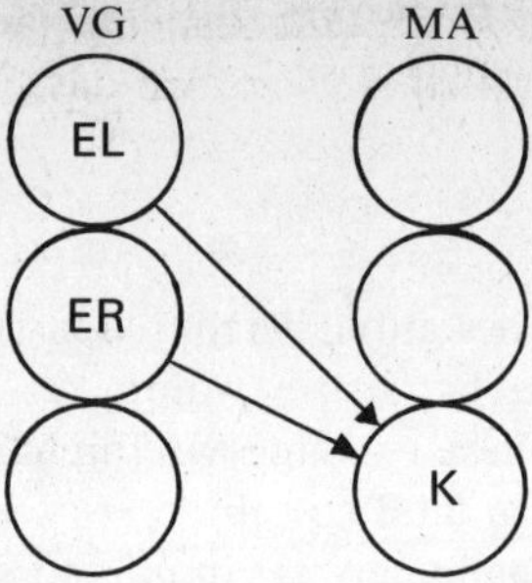

Der Vorgesetzte kümmert sich um Dinge, die eigentlich der Mitarbeiter erledigen müßte, er gibt ihm Anweisungen, wo eigenverantwortliches Handeln des Mitarbeiters am Platz wäre. Der Vorgesetzte denkt für seine Mitarbeiter. Diese Signale drücken aus: Du bist unmündig, „ich bin ok, du bist nicht ok", ich bin erfahrener als du. Viele Menschen sind mit diesem Führungsstil zufrieden. Sie erhalten durch ihn Sicherheit und brauchen keine Verantwortung zu übernehmen. Die hat der Vorgesetzte. Sie verstärken daher dieses Führungsverhalten und werden zum Meister der Rückdelegation:

„Bitte, wie soll ich das machen?"

„Was soll ich dem Kunden schreiben?"

„Könnten Sie nicht die Studie ausarbeiten, weil Sie doch so große Erfahrung haben?"

Und – schwupp – schon hat der Chef den Ball! Und meist freut er sich noch darüber. Denn es zeigt ihm: Ohne mich geht es nicht!

Ohne es direkt zu merken, verkümmern die Mitarbeiter in ihrer Selbständigkeit. Sie sind kaum noch in der Lage, ihr ER zu benützen. Sie werden abhängig von anderen.

Schon viele Führungskräfte haben festgestellt, daß kooperative Führung mit solchen Menschen schwierig ist. Ein unmündiger Mitarbeiter will autoritär geführt werden, und er sucht eine starke Persönlichkeit, die für ihn denkt.

Das Beispiel auf Seite 49 zeigt auch diese Problematik.

Und wie steht es mit dir? Förderst oder behinderst du die Delegation? Du kannst sie fördern,

- wenn du deinen Bereich voll ausfüllst,
- wenn du Arbeiten selbständig erledigst,
- wenn du Rückdelegation vermeidest,
- wenn du mit deinem Chef Handlungsalternativen diskutierst und
- wenn du dich systematisch weiterbildest.

Kontrolle

Wie wird bei uns kontrolliert?
Mein Anteil: Die Selbstkontrolle.
Die Kontrolle ist ein sachlicher SOLL/IST-Vergleich. Wir vergleichen ein vorgegebenes Ziel mit den erzielten Ergebnissen. Soweit, so gut. Jedoch – warum ist der Kontrollbegriff so häufig emotional negativ besetzt? Offenbar ist neben dem ER-Anteil wieder unser K beteiligt.
Zurück zum „sachlichen" SOLL/IST-Vergleich.
Drei Kontrollergebnisse sind denkbar:

SOLL = IST, das Ziel wurde erreicht. Die Kontrollfolge sollte sein:

- Das positive Kontrollergebnis wird dem Mitarbeiter bekanntgegeben (offene Kontrolle),
- die Zielerreichung wird vom Vorgesetzten anerkannt (Strokes),
- eventuell neue, realistische Zielvereinbarung.

Wir haben häufig beobachtet, daß die Praxis anders aussieht:

- Das Kontrollergebnis wird nicht bekanntgegeben (versteckte Kontrollen),
- dementsprechend wird dem Mitarbeiter das Erfolgserlebnis genommen.
- Bei Zielerreichung werden die neuen Ziele erhöht, nach dem Motto: „Hat er das geschafft, kann er auch noch mehr leisten."

SOLL < IST, das Ziel wurde übertroffen. Die Kontrollfolge sollte sein:

- Das positive Kontrollergebnis wird dem Mitarbeiter bekanntgegeben,
- die Zielüberschreitung wird vom Vorgesetzten anerkannt (Strokes).
- Gemeinsam wird die Ursache der Zielüberschreitung ermittelt (Abweichungsanalyse) und
- bei der neuen Zielvereinbarung berücksichtigt.

Wie sieht aber die Praxis häufig aus?

- Das Kontrollergebnis wird nicht bekanntgegeben,
- dem Mitarbeiter wird das Erfolgserlebnis vorenthalten,
- die neuen Ziele werden stillschweigend höher angesetzt.

SOLL > IST, die Ziele wurden nicht erreicht. Die Kontrollfolge sollte sein:

- Gemeinsam ist mit dem Mitarbeiter die Ursache der Nichterreichung des Zieles zu ermitteln (Abweichungsanalyse) und
- bei der neuen Zielvereinbarung zu berücksichtigen.
- Gegebenenfalls ist ein Kritikgespräch mit dem Mitarbeiter zu führen.

Was geschieht aber häufig in Wirklichkeit? Ohne die Ursache der Abweichung zu ermitteln, wird der Mitarbeiter abgekanzelt.

Ganz gleich wie das Kontrollergebnis auch aussieht, der Mitarbeiter erfährt entweder nichts oder Unangenehmes. Kein Wunder, wenn der Kontrollbegriff emotional negativ besetzt ist.

Auf die Frage, „wann ist Kontrolle erfolgreich?“ erfolgt oft die typische Antwort: „Wenn ich einen Fehler gefunden habe!“

Für manche Menschen ist es lustbetont „Fehler zu finden“. Sie benützen die Kontrolle gerne zum Spielen des Psychospiels „hab’ ich dich du Schweinehund“.

Vorgesetzte stellen ihren Mitarbeitern Fallen, fragen nach

Akten, die sie fehlerhaft wissen, setzen zu hohe Ziele, um dann sagen zu können: „Jetzt hab ich dich erwischt."
Je negativer Mitarbeiter Fremdkontrolle empfinden, um so größer wird der Anteil inneren Widerstandes gegen Kontrolle schlechthin. Bei manchen Menschen wirkt sich das auch auf die Selbstkontrolle aus, die sie negativ besetzen und in der Folge zu vermeiden trachten. Mit der Freude an der Arbeit verschwindet eben häufig auch die kritische Einstellung zu ihr. Die Folge ist, daß sich der Mitarbeiter unmündig macht.

Wie steht es mit der Kontrolle an deinem Arbeitsplatz? Vielleicht hast du beim Lesen dieses Kapitels einige Male gedacht: Ja, so ist es bei uns? Du siehst jetzt also deutlicher als vorher, was andere, deine Vorgesetzten, falsch machen. Aber was kannst du selber tun?
Du kannst die Selbstkontrolle verstärken, das heißt, dich selber für jeden deiner Arbeitsschritte voll verantwortlich fühlen und nichts, auch nicht eine Kleinigkeit unüberlegt, ungeprüft, unkontrolliert abgeben. Du wirst deine Fehler selber finden! Du bist für dich selbst verantwortlich und stehst deiner Arbeit kritisch gegenüber. Wenn du einen Fehler selber findest, findet ihn ein Vorgesetzter oder Kollege nicht mehr.
Das Resultat verstärkter Selbstkontrolle ist vermehrte Kompetenz für dich, vermehrtes Vertrauen anderer in dich. Vielleicht machen die anderen eines Tages die Entdeckung, daß man sich auf dich hundertprozentig verlassen kann und verändern ihr eigenes Kontrollverhalten dir gegenüber.

12.

Mein Arbeitsplatz, der richtige Arbeitsplatz?

Du hast das Buch bis hierher gelesen. Oft hast du genickt, manchmal den Kopf geschüttelt. Vielleicht ist dir einiges klarer geworden. Du hast Zusammenhänge erkannt.
Nicht alles ist ideal in deinem Betrieb und an deinem Arbeitsplatz.
Du stellst dir zwei Fragen:
- Was will und kann ich akzeptieren?
- Was will und kann ich verändern?

Wenn du Mißstände akzeptierst, denke daran: Alles hat seinen Preis. Ein guter Bekannter verzichtete auf seine Karriere. Er akzeptierte die Sackgasse in der Organisation, in die er geraten war. Er bekam dafür viel, ein gutes Gehalt, eine recht interessante Arbeit, eine Umgebung mit hohem Freizeitwert. Aber er zahlte zu viel und ist heute ein frustrierter, zutiefst unzufriedener Mensch, ohne Chance, sich noch zu verändern. Als er vor der Entscheidung stand, die Firma zu verlassen oder die Gegebenheiten zu akzeptieren, hätte er einen Kosten-Nutzenvergleich machen können. Der hätte etwa so ausgesehen:

Kosten	Nutzen
Frustration	– schöne Umgebung
Ärger	– sicherer Arbeitsplatz
Keine Weiterentwicklung	– unverändertes soziales Umfeld
	– hoher Freizeitwert
	– gutes Gehalt
	– nette Kollegen

... und vielleicht hätte er sich danach anders entschieden.

Unser Bekannter hatte einen Lebensplan. Er schwärmte von hohen Geschäftsleitungspositionen mit viel Macht. Er war ungeheuer ehrgeizig und versuchte, seine Studienkollegen und Freunde zu übertrumpfen. Sein Lebensplan hieß offensichtlich: „Ich will Karriere machen." Seine Entscheidung bedeutete aber Aufgabe dieses Lebensplanes und kein noch so hoher Nutzen konnte diesen Verlust ausgleichen.
Hast du einen Lebensplan, hast du dir klargemacht, wo du in fünf, in zehn, in zwanzig Jahren stehen möchtest?
Wenn ja, akzeptiere nur Lebensentscheidungen, die diesen Lebensplan nicht in Frage stellen.
Vielleicht hast du einige Anregungen aus diesem Buch aufgegriffen und experimentiert. Es hat dich sicher überrascht, wieviel du verändern kannst, wenn du es willst.
Es gibt vieles zu verändern.

Verzeichnis der verwendeten Abkürzungen

TA	Transaktionsanalyse
EL	Eltern-Ich (auch EL 2)
fEL	fürsorgliches Eltern-Ich
kEL	kritisches Eltern-Ich
ER	Erwachsenen-Ich (auch ER 2)
K	Kind-Ich (auch K 2)
fK	freies Kind-Ich
aK	angepaßtes Kind-Ich
EL 1	Eltern-Ich im K 2
ER 1	Erwachsenen-Ich im K 2, „kleiner Pfiffikus“
K 1	Kind-Ich im K 2
VG	Vorgesetzter
MA	Mitarbeiter

Register